siglo veintiuno de la visión característica de Lucas, de una iglesia en misión y bautizada en el Espíritu".

—Roger Stronstad
Catedrático en Biblia y Teología, "Erudito Residente" (2011),
Summit Pacific College

"Robert Menzies ha provisto, hasta la fecha, la apologética bíblica y teológica definitiva para la identidad pentecostal. Este clásico manifiesto pentecostal es respaldado por un testimonio vital al mensaje apostólico vivido en ambos lados del mundo. Es por lo tanto, también una invitación sentida para otros cristianos —evangélicos y otras tradiciones— a estar abierto a una nueva llenura del Espíritu Santo de Jesús, ¡de manera que Él pueda continuar realizando, a través de simples seres humanos, inmensamente más de lo que cualquiera pueda pedir o siquiera imaginar!"

—Amos Yong, PhD
Decano y Catedrático en Teología J. Rodman Williams, Regent University
School of Divinity, Virginia Beach, Virginia

"Robert Menzies continúa distinguiéndose como uno de los apologista más competentes de la teología pentecostal. Los lectores de Pentecostés descubrirán sólidas evidencias bíblicas para su experiencia del bautismo en el Espíritu; también serán desafiados a pensar con amplitud en algunos temas relacionados con el bautismo en el Espíritu y otros elementos pentecostales. Los lectores no pentecostales, que son de mente y de corazón abiertos serán impulsados a prestar la debida consideración a la presentación del autor, firmemente fundamentada en evidencias bíblicas".

—Anthony D. Palma, ThD

Catedrático Emérito y Ex-decano del Departamento de Teología, Assemblies of God Theological Seminary

"Robert Menzies nos ha dado una exposición sobresaliente de la base bíblica para la fe pentecostal clásica. Es una apología persuasiva para la utilización de Lucas-Hechos al formular una doctrina esencial del bautismo en el Espíritu Santo. Sus implicancias para la vida y ministerio alrededor del mundo son enormes".

—Edgar R. Lee, StD

Presidente, Comisión de Pureza Doctrinal, Asambleas de Dios, EE.UU. Decano Académico Emérito, Assemblies of God Theological Seminary

"Menzies sugiere que asuntos como obra subsiguiente (bautismo en el Espíritu como distinto de la regeneración) y evidencia inicial (hablar en lenguas como evidencia del bautismo en el Espíritu) no son circunstanciales sino algo clave para el desarrollo histórico de la teología pentecostal. Al hacer esta aseveración, Menzies va contra la corriente de las propuestas teológicas más recientes con respecto a lo que es más característico de la teología pentecostal. Su posición clara y bien argumentada debe ser tomada seriamente por todos los interesados en esta importante discusión. Recomiendo este libro encarecidamente".

—Frank D. Macchia, ThD

Catedrático en Teología Sistemática, Vanguard University

PENTECOSTÉS

ESTA HISTORIA ES NUESTRA HISTORIA

ROBERT P. MENZIES

Publicado por Gospel Publishing House
1445 North Boonville Avenue
Springfield, Missouri 65802

Composición tipográfica interior por Prodigy Pixel (www.prodigypixel.com)
Traducción al español: Maximiliano Gallardo

ISBN: 978-1-60731-355-7
Impreso en los Estados Unidos de América

16 15 14 13 • 1 2 3 4

Dedicado a la memoria de mi padre,
William W. Menzies,
1 de julio de 1931 — 15 de agosto de 2011,
un pionero de la teología pentecostal.

ÍNDICE

PRÓLOGO

El 18 de abril de 1906, un reportero del diario *Los Angeles Times* escribió una historia de primera plana sobre un culto al que había asistido la noche previa. Titulado: "Extraño Babel de lenguas", el reportero comenzó su artículo con estas palabras: "Susurrando palabras extrañas y repitiendo un credo que parecería que ningún mortal cuerdo podría comprender, la secta religiosa más reciente ha comenzado en Los Angeles". Él estaba escribiendo sobre la Misión Calle Azusa.

Sin embargo, la Misión Calle Azusa no era ni nueva ni sectaria. El avivamiento trazó sus raíces a Hechos 2, donde el derramamiento del Espíritu Santo sobre los discípulos tuvo un resultado similar de hablar en lenguas, la burla de las multitudes y la proclamación valiente del evangelio. Así como el primer Pentecostés fue un acontecimiento inclusivo, representativo de "todas las naciones bajo el cielo" (Hechos 2:5), también Calle Azusa traspasó barreras de raza y denominación. En ambos casos, Pentecostés y Calle Azusa, el evangelio de Jesucristo y el don del Espíritu Santo fueron gratuitos para todos.

Hay otro elemento similar entre el primer Pentecostés y Calle Azusa. Ambos emplearon lo que se podría denominar una hermenéutica "esto-es-aquello". Pedro explicó a la burlona multitud de Jerusalén lo que estaba ocurriendo entre los discípulos: "Ésto es lo dicho por el profeta Joel" (Hechos 2:16). De la misma manera, Calle Azusa en efecto dijo: "Esto es lo que ocurrió en el libro de los Hechos". Esta fusión de horizontes entre la promesa bíblica y la experiencia contemporánea es característica de los pentecostales a través del mundo.

En efecto, según Bob Menzies, esto es lo que define el pentecostalismo. Como él lo dice, un pentecostal es simplemente "un cristiano que cree que el libro de Hechos proporciona un modelo a la iglesia contemporánea" (p. 13). La experiencia de los primeros creyentes pentecostales es la misma experiencia que vive la generación presente de creyentes pentecostales. Su historia es nuestra historia.

Es debido a que los pentecostales fusionan los horizontes bíblicos y contemporáneos que unimos el bautismo en el Espíritu Santo con el hablar en lenguas, ya que eso es lo que Hechos 2 hace. Es por esto que asociamos el bautismo en el Espíritu con la obtención de poder para la misión, más bien que con la regeneración espiritual. Y es por esto que esperamos que Dios realice "señales y prodigios", y manifieste dones espirituales en cultos de adoración. Todas estas cosas sucedieron en la primera comunidad pentecostal, y su historia es nuestra historia.

El libro que usted tiene en sus manos explica y defiende la comprensión pentecostal del bautismo en el Espíritu, mediante una lectura cuidadosa de evidencia relevante en el Nuevo Testamento. Bob Menzies es un creyente pentecostal, y un ministro de Las Asambleas de Dios, erudito en Nuevo Testamento y amigo personal. Mi oración es que este libro le informe, y también que lo inspire a buscar más "poder" del Espíritu Santo, de modo que usted pueda ser un mejor "testigo" de Jesucristo, tanto dentro como fuera de su país (Hechos 1:8).

El 18 de abril de 1906, un terremoto de magnitud 7,9 remeció San Francisco, California, sacando la noticia de Calle Azusa de la primera página al día siguiente en *Los Angeles Times*. El terremoto fue un acontecimiento importante, por supuesto. Sin embargo, cuando miramos hacia atrás en el siglo veinte, vemos claramente que fue el crecimiento mundial del pentecostalismo lo que realmente trastornó "el mundo entero" (Hechos 17:6). Mientras miramos hacia adelante en el siglo veintiuno, ¡que nuestra historia como pentecostales continúe siendo la suya en una medida aún más creciente!

GEORGE O. WOOD
Superintendente General, Asambleas de Dios EE.UU.
Presidente, Fraternidad Mundial de Las Asambleas de Dios

PREFACIO

Muchos amigos y colegas ayudaron a hacer posible la publicación de este libro. Antes que nada, me gustaría agradecer a mi hermano, Glen Menzies, por su ayuda en escribir una reseña de la vida de mi padre (Apéndice). Fue una alegría trabajar con Glen, ya que juntos recordamos muchos acontecimientos interesantes, inspiradores, y a veces graciosos, que marcaron hitos significativos en la vida de nuestro padre. La capacidad de Glen de recordar detalles específicos realmente me asombró. Aunque la reseña fue un trabajo de colaboración, el papel de Glen fue más significativo. La mayor parte de este material fue presentado oralmente en el funeral de nuestro padre, que fue conducido en la Asamblea de Dios Central en Springfield, Missouri el 20 de agosto de 2011. Glen y yo también presentamos este material en una forma modificada en la Veinteava Conferencia Anual William W. Menzies, celebrada en el Asia Pacific Theological Seminary en Baguio City, Las Filipinas, del 30 de enero al 3 de febrero de 2012.

También me gustaría agradecer a mis amigos, Grant Hochman, Robert Graves, Edgar Lee, Anthony Palma, y Roger Stronstad, cada uno de los cuales leyó el manuscrito en su totalidad y ofreció comentarios provechosos. Aunque estos hombres no debieran ser considerados como responsables de cualquiera de los defectos del libro, su opinión ciertamente realzó el producto final.

También me gustaría agradecer a un grupo especial de ministros y eruditos de Taiwán y Hong Kong: Joshua Iap, Solomon Wong, Timothy Yeung y Aaron Zhuang. He sido animado e inspirado por la interacción con estos apreciados amigos. Considero un regalo precioso las horas que he invertido con ellos hablando de diversos aspectos de la teología pentecostal.

Tal vez debiera mencionar un grupo de amigos de la China continental, pero temo que ellos son muchos como para mencionarlos a todos. Sólo permítanme decir que los dieciocho años pasados han sido mucho más provechosos de lo que yo podría haber imaginado. De este grupo dedicado, he aprendido más que lo que las palabras pueden expresar.

Steve Blount y Terri Gibbs de la Gospel Publishing House han sido muy atentos y alentadores. Me gustaría agradecerles a ambos por añadir su maestría y habilidad a este proyecto.

Tres capítulos en este libro fueron originalmente presentados como conferencias especiales en Amsterdam, Hong Kong y Taipei. En Amsterdam, la Free University, junto con la Escuela Bíblica de las Asambleas de Dios que está alojada allí, me invitaron a presentar una perspectiva pentecostal acerca del bautismo en el Espíritu Santo, en un Simposio Teológico sobre Teología Pentecostal (febrero de 2005). Este fue el origen del Capítulo Dos. Una versión ligeramente adaptada de esta conferencia fue publicada posteriormente en el *Journal of Pentecostal Theology*, y es usada aquí con permiso.[1] También, las Asambleas de Dios de Taiwán me solicitaron presentar dos conferencias especiales, acerca del papel de las lenguas en el Nuevo Testamento, en la segunda Conferencia Anual China sobre Teología Pentecostal, que se reunió en Taipei, desde el 27 al 29 de septiembre de 2011. Estas conferencias formaron la base del Capítulo Tres, aunque ellas fueran al principio presentadas en

---

1   Robert Menzies, "Luke's Understanding of Baptism in the Holy Spirit: A Pentecostal Dialogue with the Reformed Tradition" (El entendimiento de Lucas del bautismo en el Espíritu Santo: Un diálogo pentecostal con la tradición reformada) *Journal of Pentecostal Theology* 16 (2008): 1–16.

chino. Una versión inglesa modificada de estas conferencias fue presentada en la Veinteava Cátedra Anual William W. Menzies mencionada más arriba. Finalmente, en Hong Kong, el 24 de octubre de 2011, tuve el privilegio de presentar una monografía sobre hermenéutica pentecostal en un simposio para un grupo de pastores y profesores evangélicos, patrocinados por el Ecclesia Bible College, una escuela de Las Asambleas de Dios. Esta conferencia formó la base para el Capítulo Uno.

Debiera también mencionar que el Capítulo Cuatro incorpora material de mi reseña del libro de Keith Hacking, en el *Evangelical Quarterly*: "A Review of 'Signs and Wonders, Then and Now: Miracle-working, Commissioning and Discipleship' por Keith J. Hacking," *Evangelical Quarterly* (2007), 261–65. Este material está usado con permiso.

Me gustaría agradecer a varias escuelas, iglesias y revistas especializadas mencionadas más arriba por sus invitaciones para hablar y escribir acerca de temas que son significativos para el movimiento pentecostal, y en efecto, como argumentaré más adelante, para el cuerpo de Cristo en su totalidad. Creo que la naturaleza internacional de estos grupos refleja exactamente el impacto global del movimiento pentecostal moderno.

INTRODUCCIÓN

H ace pocos meses un buen amigo me preguntó: "¿Por qué los pentecostales hablan tanto acerca del bautismo en el Espíritu Santo?" Él quería saber lo que motivaba a los pentecostales a enfatizar esta específica experiencia espiritual. Mi respuesta le sorprendió. Simplemente sugerí que él debiera leer el segundo capítulo del libro de Hechos. Aunque esto pueda resultar una sorpresa para algunos, la experiencia y práctica pentecostal son impulsadas y moldeadas por la Biblia, en particular por la narrativa de Hechos. Es imposible entender a los pentecostales sin considerar este hecho básico y fundamental.

Tristemente, hoy muchos procuran hacer exactamente esto. De hecho, muchos académicos se mofan de la noción de que podemos identificar con precisión quiénes son los pentecostales.[2] En realidad, la idea de que podemos definir teológicamente a los pentecostales es a menudo ridiculizada.[3] ¿Por qué sucede esto? Cuándo tenemos un entendimiento relativamente claro de lo qué significa ser presbiteriano, luterano, o metodista, y todas estas definiciones o marcas de identidad se centran en afirmaciones

---

2   Nótese por ejemplo la increíblemente amplia definición ofrecida por Allan Anderson en *Spreading Fires: The Missionary Nature of Early Pentecostalism* [Propagando fuegos: La naturaleza misionera del pentecostalismo primitivo] (Maryknoll, NY: Orbis, 2007), 4: "Pentecostalismo... es un fenómeno polinuclear y variado.... Se lo identifica mejor desde su centro pneumatológico como movimientos históricamente relacionados, donde el énfasis está en el ejercicio de los dones espirituales". También véase Allan Anderson, *An Introduction to Pentecostalism: Global Charismatic Christianity* [Una introducción al pentecostalismo: Cristianismo carismático global] (Cambridge: Cambridge University Press, 2004), 9–15.

3   Allan Anderson sugiere que los pentecostales globales en general no están interesados en la doctrina, sino antes bien en la experiencia y práctica de los dones espirituales (*Introduction*, 14). Él propone una amplia definición para pentecostalismo de modo que él pueda evitar "la intolerancia de excluir a aquellos que no están de acuerdo con una comprensión particular de la Biblia" (*Introduction*, 10).

teológicas, ¿por qué debería ser tan difícil definir lo que significa ser un pentecostal?

En realidad, no lo es. Hay consenso en que los orígenes del movimiento pentecostal moderno pueden trazarse hasta el 1 de enero de 1901, y a un pequeño instituto bíblico en Topeka, Kansas. Allí, se hizo una conexión clara entre la experiencia del bautismo en el Espíritu Santo y el hablar en lenguas. Esta experiencia fue entendida a la luz de la descripción del derramamiento milagroso del Espíritu en el Día de Pentecostés, que está descrito en Hechos 2, como una investidura de poder para la misión.[4] Esta perspectiva teológica —que las experiencias descritas en Hechos deberían servir como modelo para la experiencia cristiana contemporánea, que el bautismo en el Espíritu Santo (Hechos 2:4) es una investidura de poder post-conversión para la misión, y que el hablar en lenguas marca esta experiencia— fue transmitida a William Seymour, un predicador negro laborioso que trajo el mensaje pentecostal a una misión pequeña y provisional, en el sur de California. El avivamiento de Calle Azusa (1906-1909) que Seymour presidió sembró las semillas de un movimiento que se convertiría en lo que un erudito ha llamado "el movimiento social más exitoso del siglo pasado".[5] Como resultado de este avivamiento, el mensaje pentecostal, de que el poder que animó a la iglesia apostólica está disponible hoy, fue aceptado alrededor del mundo.

Por supuesto hubo otros movimientos de avivamiento que revelan la obra del Espíritu, que ocurrieron en varias partes del mundo poco antes o después del avivamiento de la Calle Azusa.

---

4   Algunos pentecostales, en particular aquellos relacionados con la tradición de Santidad, entienden esta investidura de poder como influencia para realizar otras dimensiones de la vida cristiana también.

5   Philip Jenkins, *The Next Christendom: The Coming of Global Christianity* [La siguiente cristiandad: La venida del cristianismo global] (Oxford: Oxford University Press, 2003), 8.

Algunos avivamientos incluyeron manifestaciones, como el hablar en lenguas. Sin embargo, ninguno de estos otros movimientos de avivamiento produjo un mensaje claro como el que hubo en la Calle Azusa. Ninguno de estos otros movimientos de avivamiento presentó las lenguas como la evidencia bíblica del bautismo en el Espíritu Santo (Hechos 2:4). Esto fue un elemento importante, una parte clave de aquel claro mensaje que fue aceptado alrededor del mundo. Exploraremos la importancia de esta conexión entre hablar en lenguas y el bautismo en el Espíritu en los siguientes capítulos. Por el momento, es suficiente con reconocer que el avivamiento de la Calle Azusa es en este sentido único, y por esta razón tuvo un impacto único.[6] Los acontecimientos que ocurrieron en aquel pequeño instituto bíblico en Topeka, Kansas, y que florecieron en el avivamiento de la Calle Azusa, representan el principio de una historia relacionada: el nacimiento del movimiento pentecostal. El avivamiento de la Calle Azusa, entonces, es correctamente considerado por la mayor parte de los eruditos como el catalizador clave del movimiento pentecostal moderno.

Si los orígenes y las doctrinas centrales del movimiento pentecostal están relativamente claros, ¿por qué es tan difícil para algunos eruditos identificar o definir qué significa ser un pentecostal? Creo que hay razones pragmáticas e ideológicas de la renuencia dentro de la comunidad académica de definir teológicamente y con precisión a los pentecostales.

---

6   Vinson Synan concluye: "Es impensable que el movimiento pentecostal pudiera haberse desarrollado como lo hizo sin la posición de la evidencia inicial" (V. Synan, "The Role of Tongues as Initial Evidence" en *Spirit and Renewal: Essays in Honor of J. Rodman Williams* ["El papel de las lenguas como evidencia inicial" en Espíritu y renovación: Ensayos en honor de J. Rodman Williams], ed. Mark Wilson [Sheffield: Sheffield Academic Press, 1994], 67–82; cita de p. 82).

La razón pragmática tiene que ver con el hecho de que muchos, en particular aquellos que tienen posiciones docentes o de investigación en universidades, quieren describir el movimiento pentecostal en los términos más grandes y más amplios posibles. Los grandes números producen entusiasmo, interés y, por último, financiamiento para la investigación. Para ser justos con aquellos envueltos en la investigación sociológica, debemos también reconocer que los investigadores a menudo intencionadamente se esfuerzan por entender y describir tendencias amplias en la sociedad. El enfocar el cristianismo pentecostal y carismático en los términos más amplios posibles a menudo es una extensión de sus diferentes objetivos y propósitos, que generalmente se concentran en iluminar tendencias culturales, y no están directamente relacionados con la vida de la iglesia.

También es verdad que los líderes de iglesia no son inmunes al deseo de describir el movimiento con el cual ellos tienen que ver en los términos más grandes posible. Además, muchos líderes cristianos, en particular aquellos que desean acentuar el significado ecuménico del movimiento pentecostal, están poco dispuestos a definir el movimiento con un lenguaje claro y teológico. Mientras que las definiciones precisas traen claridad, ellas también establecen límites. Ellas crean marcas que ayudan a moldear la identidad, pero estas marcas también excluyen. En palabras sencillas, cuando se trata de describir a los pentecostales, muchos gustan de definiciones amplias y ambiguas porque ellas son globales y llevan a cantidades enormes. Sin embargo, si cada uno es un pentecostal, ¿entonces qué significa este término?

Es muy cierto que el movimiento pentecostal ha engendrado otros grupos, y que hace sesenta años era, al menos en términos teológicos, un movimiento relativamente homogéneo. No obstante, se ha vuelto mucho más diverso, y ha producido muchos movimientos fragmentados en años recientes.[7] Sin embargo, hay muchas descripciones teológicas que pueden usarse para definir otras agrupaciones de cristianos con relación a los pentecostales. Me gustaría sugerir las siguientes definiciones, tanto históricamente exactas como provechosas para nuestra discusión presente:

> **Pentecostal:** Un cristiano que cree que el libro de Hechos proporciona un modelo a la iglesia contemporánea y, sobre esta base, anima a todo creyente a experimentar un bautismo en el Espíritu (Hechos 2:4), entendido como una investidura de poder para la misión, distinto de la regeneración, que se evidencia en hablar en lenguas, y afirma que las "señales y prodigios", incluyendo todos los dones mencionados en 1 Corintios 12:8–10, deben caracterizar la vida de la iglesia hoy.

> **Neo-Pentecostal:** Un cristiano que concuerda y actúa de acuerdo con todos los principios mencionados más arriba, excepto con la afirmación de que el hablar en lenguas sirve como una señal normativa para el bautismo en el Espíritu.

---

7   Aunque los primeros pentecostales se diferenciaban en muchos asuntos, había una aceptación extendida de los tres principios mencionados más abajo. Estos tres principios distinguieron y unificaron el movimiento: (1) que las experiencias descritas en Hechos deberían servir como un modelo para la experiencia cristiana contemporánea (por lo tanto los dones del Espíritu eran considerados como actualmente disponibles); (2) que el bautismo en el Espíritu Santo (Hechos 2:4) es una investidura de poder para la misión posterior a la conversión (algunos también unieron esta experiencia con elementos más amplios de la vida del cristiano); y (3) que el hablar en lenguas marca esta experiencia. Incluso los líderes tempranos en el movimiento carismático abrazaron esta perspectiva teológica. Vinson Synan, por ejemplo, muestra como carismáticos, "como Harald Bredesen, Dennis Bennett, Howard Ervin y Rodman Williams, se diferenciaron en sólo asuntos menores de sus hermanos pentecostales en el asunto de hablar en lenguas como evidencia" (Synan, "Role of Tongues", 75,76).

Carismático: Un cristiano que cree que todos los dones mencionados en 1 Corintios 12:8–10, incluyendo profecía, lenguas y sanidad, están disponibles para la iglesia hoy; pero rechaza la afirmación de que el bautismo en el Espíritu (Hechos 2:4) es una investidura de poder para la misión distinta de la regeneración.

No carismático: Un cristiano que rechaza la afirmación de que el bautismo en el Espíritu (Hechos 2:4) es una investidura de poder para la misión, distinta de la regeneración, y que también rechaza la validez para la iglesia hoy de al menos uno o varios de los dones del Espíritu que se mencionan en 1 Corintios 12:8–10.

Hay que mencionar que todas las categorías mencionadas más arriba son compatibles con el término *evangélico*. Con la palabra evangélico, me refiero a aquellos cristianos que afirman: la autoridad de la Biblia; la salvación sólo se encuentra en Cristo; y el evangelismo es una parte importante de la misión del cristiano en el mundo.

El movimiento pentecostal global está firmemente arraigado en suelo evangélico, un hecho que demasiados eruditos contemporáneos están poco dispuestos a admitir. Es imposible entender a los pentecostales aparte de estas convicciones evangélicas cardinales. En su esencia, el movimiento pentecostal no está centrado en el Espíritu, sino en Cristo. La obra del Espíritu, como los pentecostales la entienden, se centra en exaltar y testificar del señorío de Cristo. En los pentecostales resuena el mensaje apostólico: Jesús es el Señor. Jesús es el que bautiza en el Espíritu. Además, hay que notar que la fe y práctica pentecostales fluyen de la Biblia. A menudo se piensa que los pentecostales son muy emocionales y empíricamente impulsados, pero esto es una caricatura de la verdadera imagen. En realidad, los pentecostales son "el pueblo del Libro". Aunque los pentecostales ciertamente promueven la experiencia espiritual, ellos lo hacen con una atención constante a las Escrituras. Como he mencionado, la Biblia, y en particular el libro de Hechos, controlan y modelan la experiencia pentecostal. El movimiento comenzó en un instituto bíblico, y fue motivado por el estudio cuidadoso de la Biblia. La naturaleza cristocéntrica y centrada en la Biblia del movimiento pentecostal no se debiera perder.

Aún así, de nuevo, a menudo este es el caso.[8] La razón de esto consiste en que muchos eruditos que estudian el movimiento, generalmente no son pentecostales practicantes, ellos procuran definir el movimiento pentecostal en gran parte o exclusivamente en términos sociológicos.[9] En una manera fragmentaria ellos identifican a los pentecostales no por lo que creen, sino por la naturaleza de su experiencia (p.ej,

---

8   Un profesor de un seminario evangélico en Hong Kong recientemente me preguntó con preocupación genuina si los pentecostales se estaban volviendo hostiles al movimiento evangélico. Él citó el tono y el contenido de varias publicaciones asociadas con la Society for Pentecostal Studies como la razón de su preocupación. Le aseguré que la gran mayoría de los creyentes pentecostales comunes se identifican fuertemente con los valores evangélicos.

9   Véase, por ejemplo, a Harvey Cox, *Fire from Heaven: The Rise of Pentecostal Spirituality and the Reshaping of Religion in the Twenty-first Century* [Fuego del cielo: El surgimiento de la espiritualidad pentecostal y la reformulación de la religión en el siglo veintiuno] (Cambridge, MA: Da Capo Press, 2001 [originalmente publicado en 1995]). Cox constantemente minimiza la naturaleza bíblica y cristocéntrica del movimiento. También véase a Donald E. Miller y Tetsunao Yamamori, *Global Pentecostalism: The New Face of Christian Social Engagement* [Pentecostalismo global: La nueva faceta de compromiso social cristiano] (Berkeley: University of California Press, 2007). Este libro es interesante e informativo; sin embargo, en mi opinión, nos dice más sobre la agenda de los autores y tendencias generales dentro de la comunidad evangélica mayor, que acerca de los pentecostales. Además, los peligros potenciales del activismo social "progresivo" de los pentecostales no se aborda suficientemente. ¿Por qué deberían los pentecostales abrazar un enfoque misiológico que no ha servido bien a las iglesias de línea tradicional histórica?

¿Ejercen ellos los dones espirituales?)[10] o su comportamiento (p.ej, ¿Qué diferencias podemos observar en la vida de los creyentes pentecostales?)[11] Aunque el análisis sociológico puede proporcionar muchas apreciaciones provechosas, éste en sí no puede entender plenamente o describir suficientemente este profundo movimiento centrado en Cristo y basado en la Biblia. Esto es particulamente cierto cuando el análisis sociológico es conducido conscientemente por intereses ideológicos. Por ejemplo, una lectura postcolonial de la historia pentecostal puede rechazar el avivamiento de la Calle Azusa como el epicentro del movimiento debido a su localización en los Estados Unidos. Los principios teológicos que he descrito podrían también ser rechazados como productos de la mente occidental y colonial, a pesar de que los pentecostales alrededor del mundo basan su experiencia y práctica con los mismos textos bíblicos, hacen las mismas o similares afirmaciones, y proclaman al mismo Señor resucitado.[12] En resumen, el análisis sociológico sólo puede arrojar algunos aportes, y esto a menudo viene acompañado de mucho prejuicio. En el lado positivo, debemos reconocer que los instrumentos sociológicos y el análisis, en primer lugar, no tienen la intención de satisfacer las necesidades de la iglesia, ni fueron ideados para eso.

No debería sorprender entonces que, como pentecostal, cuando leo libros sociológicamente orientados acerca de los pentecostales, aun aquellos que contienen muchos aportes

---

10   Anderson, *Introduction*, 14.

11   Por ejemplo, David Martin destaca el significativo impacto social que los pentecostales hacen en América Latina, ayudando a que la gente salga de la pobreza y empoderando a las mujeres (véase *Tongues of Fire: The Explosion of Protestantism in Latin America* [Oxford:Basil Blackwell, 1990]).

12   Los escritos generalmente profundos de Allan Anderson, citados más arriba, pueden ser a veces criticados por ofrecer una lectura parcial y postcolonial de la evidencia.

significativos y provechosos, siento que algo falta. A menudo siento que el cuadro que se pinta de un pentecostal es caricaturesco, una imagen que, aunque parcialmente cierta, contiene muchas exageraciones y distorsiones. En efecto, cuando leo un libro de este tipo, una cosa de la cual puedo estar seguro es ésta: el libro me informará tanto acerca del autor y su propia agenda como lo hará acerca de los pentecostales y lo que realmente nos impulsa, nuestras creencias.[13] Fui tentado a escribir un libro titulado *La búsqueda del pentecostal histórico*, y como Albert Schweitzer en su famoso libro, exponer las presuposiciones que han moldeado las caricaturas que se han producido. Sin embargo, mientras consideraba el problema, decidí producir algo más constructivo.[14] Esta, entonces, es la motivación de este libro.

En las páginas que siguen, me gustaría explicar por qué soy pentecostal. Mis definiciones son abiertamente teológicas. Mi enfoque es cuidadosamente bíblico. Intentaré mostrar cómo algunos pasajes clave de la Biblia apoyan mis convicciones pentecostales. Creo que nosotros como pentecostales tenemos que reexaminar y clarificar la rica herencia teológica que los primeros pioneros pentecostales nos han legado. La renuencia a dar una clara definición teológica al movimiento pentecostal pierde algo muy importante. No sólo pierde el hecho de que el movimiento fue moldeado por la Biblia, sino también descuida una necesidad genuina de la iglesia. Tenemos que saber quiénes somos. Tenemos que entregar el legado.

De este modo, volvamos a la pregunta clave: ¿Qué queremos decir cuándo decimos: "Soy un pentecostal"? Creo

---

13   Grandes ejemplos de esto, como he mencionado más arriba, son Miller y Yamamori en su libro *Global Pentecostalism* y Harvey Cox en *Fire from Heaven.*

14   Como Arlene M. Sánchez Walsh escribe: "Mejor simplemente seguir con el trabajo de dar a mi comunidad una voz" ("Whither Pentecostal Scholarship? [Erudición pentecostal más blanca]" *Books and Culture* [Mayo-Junio 2004], 34–36; cita de p. 36).

que una respuesta exacta a esta pregunta debiera incluir tres elementos. En primer lugar, como ya he declarado, los pentecostales leen el libro de Hechos como un modelo para su vida. ¿Es esto apropiado y consecuente con la intención del autor bíblico? Examinaremos esta pregunta en el Capítulo 1. En segundo lugar, los pentecostales subrayan que el bautismo en el Espíritu prometido a cada creyente en Hechos 1–2 no debería ser confundido con la regeneración o la conversión; antes bien, es una investidura de poder profética y misiológica. Exploraremos evidencias bíblicas de esta posición en el Capítulo 2. En tercer lugar, he mencionado que el movimiento pentecostal desde su inicio, según la narrativa en Hechos (2:4; 10:46; 19:6), vinculó el hablar en lenguas con el bautismo en el Espíritu Santo. Por lo tanto, los primeros pentecostales describieron las lenguas como una marca única, una señal o evidencia del bautismo en el Espíritu, y muchos historiadores insisten en que sin esta conexión entre lenguas y bautismo en el Espíritu, no existiría ningún movimiento pentecostal. En el Capítulo 3, procuro explicar por qué esta perspectiva acerca de las lenguas es importante para los pentecostales hoy, y por qué creo que esto representa exactamente la intención de Lucas. En el Capítulo 4, tomo una pregunta que fluye naturalmente de la lectura pentecostal de Hechos como un modelo para nuestra vida: ¿Debería cada creyente esperar ver "señales y prodigios" como una parte de nuestra vida y testimonio cristiano? Luego, en el Capítulo 5, ofrezco mi evaluación de por qué las iglesias pentecostales alrededor del mundo crecen en un índice tan rápido.[15] Finalmente, en un Apéndice, mi hermano Glen y yo, presentamos una reseña de vida de nuestro padre, William W. Menzies. Ya que mi padre nos transmitió o inspiró muchas de las ideas presentadas en este libro, y fue un pentecostal de toda la vida, creo que es un modo particularmente adecuado de concluir el libro.

Sea usted un pentecostal comprometido que busca entender mejor su propia herencia teológica, o un escéptico cristiano no carismático un poco perplejo por sus vecinos ruidosos, espero que encuentre este libro informativo, retador y edificante. Aunque no puedo afirmar que hablo en representación de cada pentecostal, presento realmente el punto de vista de alguien que ha crecido y ministrado en iglesias pentecostales toda su vida. Soy un ministro ordenado de Las Asambleas de Dios y un pentecostal practicante. También he tenido el privilegio de vivir y ministrar en varios países de Asia durante más de veinte años, y estoy casado con una hija de misioneros pentecostales que sirvieron en América Latina durante más de cuarenta años. Aunque completé mis estudios teológicos en instituciones en general evangélicas (MDiv, Seminario Fuller; PhD, University of Aberdeen, Escocia), mi compromiso con los valores pentecostales no ha disminuido. También creo que mis años de ministerio en variados contextos eclesiásticos me han permitido permanecer en contacto con los pentecostales comunes. Esto me anima en mi creencia de que las perspectivas presentadas en este libro serán aceptadas en la gran mayoría de las comunidades pentecostales alrededor del mundo. Es mi oración que este libro motive a cada lector a tomar

---

15   Los capítulos en este libro están interrelacionados, y uno contribuye al otro. Al mismo tiempo, cada capítulo se concentra en un tema específico. Así, he intentado escribir cada capítulo de modo que puedan también ser leídos y entendidos independientemente. Aunque he intentado mantener al mínimo la duplicación de material, algún traslapo ha sido necesario a fin de cumplir este objetivo.

la vocación profética que es nuestra, y a ser valientes testigos de Jesús a través del poder del Espíritu Santo.

CAPÍTULO UNO

POR QUÉ LEEMOS DE FORMA DIFERENTE

Los pentecostales siempre hemos leído la narrativa de Hechos, y en particular el registro del derramamiento pentecostal del Espíritu Santo (Hechos 2), como un modelo para nuestra vida. Las historias de Hechos son nuestras historias: personas pescadoras llamados a testificar de Jesús con valentía ante una gran oposición; historias de aldeanos que perseveran en medio de gran sufrimiento; historias de los poderosos adversarios demoníacos que procuran desalentar y destruir. Los pentecostales por todo el mundo se identifican con estas historias, sobre todo porque muchos enfrentan desafíos similares.[16] Este sentido de conexión con el texto nos

---

16   Sobre la práctica pentecostal del movimiento chino de casas iglesias, véase Luke Wesley, *The Church in China: Persecuted, Pentecostal, and Powerful* [La iglesia en China: Perseguida, pentecostal y poderosa] (*Asian Journal of Pentecostal Studies* 2; Baguio: AJPS Books, 2004).

alienta a dejar que la narrativa moldee nuestra vida, nuestras esperanzas y sueños, y nuestra imaginación.[17] De este modo, las historias de Hechos son nuestras historias, y las leemos con expectativa y ahínco. Historias del poder del Espíritu Santo, que inviste a discípulos comunes para hacer cosas extraordinarias para Dios.

Nosotros, los pentecostales, nunca hemos visto como grande la distancia que separa nuestro mundo de aquel del texto. La fusión de nuestros horizontes con aquel del texto ocurre naturalmente, sin mucha reflexión, en gran parte porque nuestro mundo y aquel del texto son tan similares. Mientras que los teólogos occidentales y los eruditos de los dos siglos pasados han dedicado gran energía luchando con la manera en que se deben interpretar los textos bíblicos que hablan de la actividad mila-grosa de Dios, los pentecostales no han sufrido con esta clase de inquietud.[18] Mientras Rudolph Bultmann desarrollaba su enfoque de desmitificación del Nuevo Testamento,[19] los pentecostales silenciosamente (bueno, quizás no tan silenciosamente) oraban por los enfermos y echaban fuera demonios. Mientras teólogos

---

17   Sobre el papel de la imaginación en la tarea hermenéutica, véase Joel Green, "Learning Theological Interpretation from Luke [Aprendiendo interpretación teológica de Lucas]" en *Reading Luke: Interpretation, Reflection, Formation* [Leyendo a Lucas: Interpretación, reflexión, formación], eds. Craig G. Bartholomew, Joel B. Green, y Anthony Thiselton. Scripture and Hermeneutics Series, vol. 6 (Grand Rapids: Zondervan, 2005), 59.

18   La socióloga Margaret M. Poloma afirma que "después del famoso avivamiento de la Calle Azusa (1906-1909) en Los Ángeles... el movimiento pentecostal/carismático (P/C) ha combatido las fuerzas de la modernidad con fuegos de avivamiento". *Main Street Mystics: The Toronto Blessing and Reviving Pentecostalism* [Místicos de la calle principal: La bendición de Toronto y el pentecostalismo reavivado] (Walnut Creek: AltaMira Press, 2003), 15.

19   Rudolph Bultmann, "New Testament and Mythology [Nuevo Testamento y mitología]" en *Kerygma and Myth: A Theological Debate by Rudolf Bultmann and Five Critics* [Kerigma y mito: Un debate teológico por Rudolf Bultmann y cinco críticos], ed. H. W. Bartsch (New York: Harper & Brothers, 1961), 1–2: "El concepto mítico del mundo que el Nuevo Testamento presupone... no es creíble para el hombre moderno, ya que él está convencido de que el concepto mítico del mundo está obsoleto".

evangélicos, siguiendo los pasos de B. B. Warfield, buscaban explicar por qué deberíamos aceptar la realidad de los milagros registrados en el Nuevo Testamento, pero, al mismo tiempo, no esperarlos hoy,[20] los pentecostales estaban (al menos en nuestra opinión) atestiguando que Jesús realiza "señales y prodigios" contemporáneos, como cuando Él estableció su iglesia.

No, la hermenéutica de la mayor parte de los creyentes pentecostales no es demasiado compleja. No está llena de preguntas acerca de la confiabilidad histórica o cosmovisiones anticuadas. No es excesivamente reflexiva sobre sistemas teológicos, distancia cultural, o mecanismos literarios.[21] La hermenéutica del creyente pentecostal típico es directa y sencilla: las historias en Hechos son *mis* historias; historias que fueron escritas para servir como modelo para mi vida y experiencia. Esto no significa que los pentecostales dejan de ejercer discernimiento o juicio. Después de todo, no todas las historias están llenas de proezas de los héroes. Hay villanos, y

> **La hermenéutica del creyente pentecostal típico es directa y sencilla: las historias en Hechos son *mis* historias; historias que fueron escritas para servir como modelo para mi vida y experiencia.**

---

20 En cuanto a la posición cesacionista de Benjamin Warfield, véase Jon Ruthven, *On the Cessation of the Charismata: The Protestant Polemic on Postbiblical Miracles* [En cuanto a la cesación de los charismata: La polémica protestante sobre milagros post-bíblicos] (*Journal of Pentecostal Theology Supplement Series 3*; Sheffield: Sheffield Academic Press, 1993), 41–111.

21 Aunque esto permanece como cierto a nivel del creyente común, hay un grupo creciente de teólogos y eruditos bíblicos pentecostales. Nótese, por ejemplo, la Society for Pentecostal Studies y su revista especializada, *Pneuma*, así como la *Journal of Pentecostal Theology*.

no debe ser emulado cada aspecto de una historia. Sin embargo, el hecho permanece, los pentecostales hemos abrazado de buena gana (los detractores dirían, sin discernimiento crítico) las historias de Hechos como *nuestras* historias, historias que moldean nuestra identidad, ideales y acciones.

Este sencillo enfoque narrativo del libro de Hechos, creo, es una de las grandes ventajas del movimiento pentecostal. Es indudablemente una importante razón de su rápido crecimiento alrededor del mundo. La simplicidad de leer el texto como un modelo para nuestra vida, sin preocuparnos de lo milagroso o como todo esto encaja en complejos sistemas teológicos, claramente permite que el mensaje sea fácilmente entendido por personas en culturas pre o semi-alfabetizadas, personas que se desenvuelven en culturas más empíricas y menos cognoscitivas. No deberíamos olvidar que estas personas representan la mayoría de los habitantes de nuestro planeta. Ellas, también, por lo general muestran poca incomodidad al leer historias llenas de milagros, antes bien se identifican fácilmente con ellas.[22]

Todo esto sugiere que los pentecostales tienen una hermenéutica específica, una forma particular de leer la Biblia. En este capítulo, me gustaría destacar cómo los pentecostales leemos la Biblia, en particular Lucas-Hechos, de una manera diferente que nuestros hermanos y hermanas evangélicos no pentecostales. Desde el comienzo deseo reconocer la cercana relación que vincula a pentecostales y evangélicos. En efecto, los pentecostales generalmente se identifican como evangélicos (ciertamente yo lo hago), y en muchas partes del mundo los pentecostales representa la mayoría de los evangélicos en su

---

22   En varias ocasiones, cuando he traducido oralmente los testimonios de creyentes chinos a invitados de naciones occidentales a China, he sido tentado de atenuar sus referencias a asombrosos acontecimientos sobrenaturales por temor de que sus invitados extranjeros piensen que están locos.

región. (Por conveniencia, en cada parte de este libro a menudo me referiré a pentecostales y evangélicos como grupos distintos, aunque se debe destacar que con estos términos simplemente denoto evangélicos pentecostales por una parte y evangélicos no pentecostales en la otra.) Los pentecostales son evangélicos en el sentido que afirman la autoridad de la Biblia; proclaman que la salvación se halla sólo en Jesús (Hechos 4:12); y por lo tanto enfatizan la importancia de compartir el evangelio con los demás. Además, en muchos aspectos, la mayor parte de los pentecostales leen la Biblia de una manera similar a nuestros hermanos y hermanas evangélicos. Los pentecostales y los evangélicos acentúan la importancia de la intención del autor bíblico, y procuran entender un pasaje a la luz de su contexto histórico y literario. El sentido histórico es importante para ambos grupos.

A pesar de estas importantes áreas de confluencia, hay dos suposiciones (a menudo inconscientes) que moldean los enfoques evangélicos de Lucas-Hechos que los pentecostales rechazan. La primera suposición tiene que ver con la tendencia evangélica de rechazar, como un modelo para la iglesia de hoy, la narrativa de Hechos y la iglesia apostólica descrita en éste libro. Esta suposición, simplemente definida, es que Lucas escribió para proporcionar un relato histórico de los principios de la iglesia, de modo que los lectores subsecuentes pudieran tener un registro exacto del mensaje del evangelio, y una base histórica segura sobre la cual apoyarse. Hasta ahora bien, pero hay más. Los evangélicos insisten también en que ya que la narrativa histórica de Lucas trata de una época única en la vida de la iglesia, hay que entender que los acontecimientos que él describe no son presentados como modelo para la praxis misionera de subsecuentes generaciones de cristianos.[23] En resumen, los evangélicos generalmente suponen que Lucas el historiador escribió para proveer a la iglesia su mensaje, no sus métodos.

La segunda suposición es una consecuencia de la tendencia evangélica de reducir la teología del Nuevo Testamento a la teología paulina.[24] Después de todo, Lucas es un historiador y Pablo, un teólogo. Esta miopía ha afectado considerablemente las perspectivas evangélicas en cuanto a la obra del Espíritu. Los evangélicos suponen que las referencias de Lucas en cuanto a la recepción y la obra del Espíritu tienen esencialmente el mismo sentido que términos similares usados por Pablo, y por lo tanto deberían ser entendidas a la luz de estos textos paulinos. El resultado es que los evangélicos insisten que Pentecostés representa la entrada de los discípulos en la nueva edad, su

---

23   Véase, por ejemplo, Ben Witherington III, *The Acts of the Apostles: A Socio-Rhetorical Commentary* (Grand Rapids: Eerdmans, 1998), 132; Darrell Bock, *Acts*, Baker Exegetical Commentary on the New Testament (Grand Rapids: Baker, 2007), *pássim* (cf. Darrell Bock, *Luke*, The IVP Commentary Series [Downers Grove: InterVarsity Press, 1994], 189–90); and Keith J. Hacking, *Signs and Wonders, Then and Now: Miracle-Working, Commissioning, and Discipleship* (Nottingham: Apollos/IVP, 2006), *pássim*. Witherington destaca la naturaleza "única" del Pentecostés. Bock también falla en determinar las implicaciones teológicas de Hechos 1–2 para la praxis misionera de la iglesia contemporánea (véase mi reseña del libro del comentario de Bock sobre Hechos en *Pneuma* 30 [2008]: 349–50). Hacking sostiene que los milagros de Jesús y los apóstoles no tuvieron el propósito de servir como modelos para la iglesia post-apostólica, y que los registros de comisión son relevantes sólo para unos pocos escogidos (véase mi reseña del libro de Hacking en *Evangelical Quarterly* 79 [2007]: 261–65).

24   Esta elevación de Pablo por sobre todos los otros escritores canónicos tiene en realidad sus raíces en la Reforma. Lutero y Calvino enfatizaron las epístolas de Pablo, las que apoyaron sus respectivas doctrinas de la justificación por la fe y la soberanía de Dios. Sin embargo, esta práctica de privilegiar a Pablo fue alentado aún más por la comprensible pero exagerada reacción, de parte de eruditos evangélicos, a la erudición crítica alemana que descartaba la confiabilidad histórica de Hechos. Así, los evangélicos hasta más recientemente, han visto a Lucas como un historiador y no un teólogo. Para más información sobre la reacción evangélica, véase William W. y Robert P. Menzies, *Spirit and Power: Foundations of Pentecostal Experience* [Espíritu y poder: Fundamentos de la experiencia pentecostal] (Grand Rapids: Zondervan, 2000), 38–42.

iniciación en la vida del nuevo pacto.[25] Pentecostés, nos dicen, es el nacimiento de la iglesia.[26]

Estas suposiciones acompañan el coro de eruditos evangélicos que, a una voz, constantemente nos dicen que Pentecostés es un acontecimiento único e irrepetible.[27] Como estudiante joven quedé perplejo por estas declaraciones. ¿En qué sentido Pentecostés es único? Cualquier acontecimiento en la historia no puede ser repetido, pero muchos acontecimientos en la narrativa de Hechos son claramente presentados como modelos para la iglesia de Lucas. Ellos son registrados por Lucas exactamente de modo que sean repetidos en la vida de sus lectores. ¿Por qué insisten los eruditos evangélicos en que Pentecostés es único e irrepetible? A través de mi estudio de Lucas-Hechos y la literatura secundaria relacionada, comencé a ver que las dos suposiciones mencionadas más arriba moldean las actitudes evangélicas en este asunto.

Me gustaría criticar estas suposiciones, y en particular la noción de que Pentecostés es "único e irrepetible", al examinar varios aspectos de la narrativa de Lucas. En el proceso, espero que evangélicos y pentecostales puedan llegar a entenderse mejor entre sí y por qué, a veces, leemos la Biblia de forma diferente. Por supuesto, como pentecostal, mi esperanza consiste en que mis hermanos y hermanas evangélicos crezcan en su apreciación de un enfoque pentecostal de Lucas-Hechos.

---

25   James D. G. Dunn, *Baptism in the Holy Spirit* [Bautismo en el Espíritu Santo] (London: SCM Press, 1970), 43: "En términos del esquema de Lucas de la historia de la salvación, todo esto simplemente significa que la nueva edad y el pacto no comienzan para los discípulos hasta Pentecostés".

26   Joel B. Green, *How to Read the Gospels and Acts* [Cómo leer los Evangelios y Hechos] (Downers Grove: InterVarsity Press, 1987), 113: "Pentecostés es un acontecimiento no repetible. Sólo una vez puede la nueva edad ser inaugurada y la iglesia nacer".

27   Dunn, *Baptism*, 53: "Pentecostés nunca puede ser repetido, ya que la nueva edad está aquí y no puede ser inaugurada otra vez". También nótese Witherington, *Acts*, 132: "[Pentecostés] . . . de maneras cruciales es único".

1. LA ESTRUCTURA DE LUCAS-HECHOS

Cada erudito del Nuevo Testamento que se aprecie le dirá que Lucas 4:16–30, el dramático sermón de Jesús en Nazaret, es paradigmático para el Evangelio de Lucas. Todos los temas principales que aparecerán en el Evangelio son anticipados aquí: la obra del Espíritu, la universalidad del evangelio, la gracia de Dios, y el rechazo de Jesús. Y éste es un punto significativo donde la cronología del Evangelio de Lucas se diferencia del Evangelio de Marcos. Aquí Lucas toma un acontecimiento de la mitad del ministerio de Jesús y lo trae directo al frente, para inaugurar su ministerio. Lucas hace esto porque entiende que este acontecimiento, en particular la lectura que Jesús hizo de Isaías 61:1–2 y su declaración de que esta profecía era cumplida en su ministerio, proporciona perspectivas importantes acerca de la naturaleza de Jesús y su misión. Este pasaje, entonces, nos provee de un modelo para el ministerio subsecuente de Jesús.

> **Me gustaría criticar... la noción de que Pentecostés es "único e irrepetible", al examinar varios aspectos de la narrativa de Lucas.**

Es interesante notar que Lucas proporciona una clase similar de introducción paradigmática para su segundo volumen, el libro de Hechos. Después de la venida del Espíritu en Pentecostés, Pedro entrega un sermón (Hechos 2:14–41) que desde muchos puntos de vista guarda paralelos con aquel de Jesús en Lucas 4. En su sermón, Pedro también se refiere a una profecía del Antiguo Testamento acerca de la venida del Espíritu, esta vez Joel 2:28–32, y declara que esta profecía también se está cumpliendo (Hechos 2:17–21). El mensaje es claro: Así como Jesús fue ungido por el Espíritu para cumplir su vocación profética, también los discípulos de Jesús han sido ungidos como profetas del fin del tiempo para proclamar la Palabra de Dios. El texto de Joel 2:28–32 que se cita aquí, como el pasaje paradigmático en Lucas 4, también muestra señales de la edición cuidadosa por parte de Lucas.[28]

> ## Así como Jesús fue ungido por el Espíritu para cumplir su vocación profética, también los discípulos de Jesús han sido ungidos como profetas del fin del tiempo para proclamar la Palabra de Dios.

Un cambio es especialmente instructivo. En Hechos 2:18 Lucas inserta la frase, "y profetizarán", en la cita de Joel.[29] Esta inserción simplemente enfatiza lo que está ya presente en el texto de Joel. El versículo anterior nos ha recordado ya que este derramamiento del Espíritu del fin del tiempo, del cual Joel predice, no es nada menos que un cumplimiento del deseo de Moisés: "Ojalá todo el pueblo de Jehová fuese profeta, y que Jehová pusiera su espíritu sobre ellos"

---

28   Cuando me refiero a la actividad editorial de Lucas, de ninguna manera doy a entender que la narrativa de Lucas es históricamente inexacta. Antes bien, simplemente deseo indicar que aunque Lucas escribe historia —historia exacta— él lo hace con un objetivo teológico en mente. Lucas claramente, de vez en cuando, resume el contenido de discursos o diálogos, y haciéndolo así, él utiliza su propio vocabulario y estilo al presentar este material. Como veremos, él también parafrasea citas del Antiguo Testamento de una manera que le permite destacar temas importantes que surgen a través de su narrativa. Aunque es mi suposición que la obra editorial de Lucas refleja y subraya correctamente temas dominicales y apostólicos, la pregunta esencial que procuro responder se centra en el contenido del mensaje de Lucas. Es este mensaje, después de todo, que creo es inspirado por el Espíritu Santo y autoritativo para la iglesia.

29   Todas las citas de las Escrituras son tomadas de la Biblia Reina Valera 1960, a menos que se indique de otra manera.

(Nm. 11:29). En Hechos 2:17 se cita textualmente Joel 2:28: "Derramaré de mi Espíritu sobre toda carne, y vuestros hijos y vuestras hijas profetizarán". Ahora, en el versículo 18, Lucas repite este estribillo. Lucas destaca el hecho de que el Espíritu viene como fuente de inspiración profética, porque este tema dominará su narrativa. Es un mensaje que Lucas no quiere que sus lectores pasen por alto. La iglesia "en los postreros días", declara Lucas, debe ser una comunidad de profetas. Esta comunidad ha sido llamada a llevar el mensaje de "salvación hasta lo postrero de la tierra" (Is. 49:6; Hechos 1:8). Ahora Lucas recuerda a sus lectores que se les ha prometido también el poder para cumplir este llamado. El Espíritu vendrá e investirá a su iglesia —la de Lucas y la nuestra— para testificar de Jesús con valentía a pesar de la oposición y la persecución.

Hemos mencionado ya que este tema del testimonio profético y valiente, es anticipado en el Evangelio de Lucas. Jesús es ungido con el Espíritu de modo que Él pueda "dar buenas nuevas a los pobres... pregonar libertad a los cautivos... [y] predicar el año agradable del Señor" (Lucas 4:18–19). Los paralelos entre la experiencia de Jesús en el Jordán y Nazaret con aquella de los discípulos en Pentecostés son asombrosos y claramente deliberados. Ambas ocurren a principios de las respectivas misiones de Jesús como de la iglesia primitiva, ambas se centran en la venida del Espíritu, ambas son descritas como una unción profética en el contexto de un sermón que cita la profecía del Antiguo Testamento. Mediante una redacción cuidadosa de su narrativa, Lucas presenta a Jesús, el profeta definitivo, como un modelo para todos sus seguidores, desde Pentecostés en adelante.[30] La iglesia de Lucas tiene una misión que cumplir, y un mensaje que proclamar.

---

30   Lucas 11:9–13 indica también que Lucas ve la vocación profética de Jesús, de los Doce, y de los Setenta (Lucas 10:1) como aplicables a su iglesia.

Este tema del testimonio valiente e inspirado por el Espíritu, es también destacado en la enseñanza de Jesús. Lucas prevé acontecimientos que aparecerán en su segundo volumen al registrar la importante promesa de Jesús relatada en Lucas 12:11–12: "Cuando os trajeren a las sinagogas, y ante los magistrados y las autoridades, no os preocupéis por cómo o qué habréis de responder, o qué habréis de decir; porque el Espíritu Santo os enseñará en la misma hora lo que debáis decir".

Inmediatamente después de Pentecostés, en la primera historia que Lucas registra, comenzamos a ver cuán relevante e importante esta promesa de Jesús es para la misión de la iglesia. Lucas describe la dramática historia del encuentro de Pedro y Juan con un mendigo paralítico, la sanidad de éste y la detención de los apóstoles. Los líderes judíos ordenan que los apóstoles dejen de predicar acerca de Jesús. Pero Pedro y Juan contestan con increíble valor. Ellos declaran: "Mas Pedro y Juan respondieron diciéndoles: Juzgad si es justo delante de Dios obedecer a vosotros antes que a Dios; porque no podemos dejar de decir lo que hemos visto y oído" (Hechos 4:19–20).

Esto es simplemente el principio de la persecución que los profetas del fin del tiempo deben afrontar. Pedro y los apóstoles (Hechos 5:29–32), Esteban (Hechos 6:8–10; cf. 7:51–52), y Pablo (Hechos 9:16; 28:31) todos valientemente testifican de Jesús ante intensa oposición y persecución.

El motivo de Lucas en presentar estos modelos de ministerio inspirados por el Espíritu —Pedro, Juan, Esteban y Pablo, por mencionar unos pocos— no se debería pasar por alto. Lucas tiene en mente algo más que declarar simplemente a su iglesia: "¡Así es cómo todo esto comenzó!" Seguramente Lucas destaca la confiabilidad del testimonio apostólico de la resurrección de Jesús. Y él quiere asegurarse de que todos entendemos claramente su mensaje, el

Así como la experiencia de Jesús con el Espíritu en el Jordán y Nazaret sirve como un modelo para la experiencia de los discípulos en el día de Pentecostés, así también la experiencia de los discípulos en Pentecostés sirve como un modelo para los cristianos subsecuentes.

que debe ser transmitido de generación en generación, de un grupo de personas a otro grupo de personas, hasta que éste alcance "lo último de la tierra". Lucas también relata el ministerio de estos profetas del fin del tiempo porque él los ve como importantes modelos de praxis misionera que su iglesia tiene que emular. Estos personajes en Hechos demuestran lo que realmente significa ser parte del grupo profético del fin del tiempo anunciado por Joel, y así desafiar a que los lectores de Lucas cumplan su llamado de ser luz a las naciones. Mientras ellos enfrentan la oposición confiando en el Espíritu Santo, quién les permite ser testigos valientes de Jesús sin importar el costo, estos profetas del fin del tiempo llaman a la iglesia de Lucas a seguir valientemente el camino por el que pasó primero nuestro Señor.

Todo esto sugiere que Lucas estructura su narrativa a fin de destacar el hecho que como la experiencia de Jesús con el Espíritu en el Jordán y Nazaret sirve como un modelo para la experiencia de los discípulos en el día de Pentecostés, así también la experiencia de los discípulos en Pentecostés sirve como un modelo para los cristianos subsecuentes. Este juicio es apoyado por las palabras de Pedro en Hechos 10:47: "Estos que han recibido el Espíritu Santo también como nosotros".

2. EL ENVÍO DE LOS SETENTA (LUCAS 10:1-16)

Consideremos ahora un texto único del Evangelio de Lucas, el registro de Lucas del envío de los Setenta (Lucas 10:1–16). Tres evangelios sinópticos registran las palabras de la instrucción de Jesús a los Doce, cuando Él los envía en su misión. Sin embargo, sólo Lucas registra un segundo y más numeroso envío de discípulos (Lucas 10:1–16). En Lucas 10:1 leemos: "Después de estas cosas, designó el Señor también a otros setenta, a quienes envió de dos en dos delante de él a toda ciudad y lugar adonde él había de ir". Luego agrega una serie de instrucciones detalladas. Finalmente, Jesús les recuerda de la autoridad que poseen: "El que a vosotros oye, a mí me oye; y el que a vosotros desecha, a mí me desecha; y el que me desecha a mí, desecha al que me envió" (10:16).

Una cuestión importante gira en torno al número de discípulos que Jesús envió y su significado. La evidencia de los manuscritos está, en este punto, dividida. Algunos manuscritos leen "setenta", mientras otros elevan el número a "setenta y dos". Bruce Metzger, en su artículo sobre este asunto, notó que la evidencia externa de manuscrito está regularmente dividida, y que las consideraciones internas no son tampoco concluyentes. Por lo tanto, Metzger concluyó que el número "no puede ser determinado con certeza".[31] La erudición más reciente ha estado de acuerdo en gran parte con Metzger, con una mayoría que opta con cautela por la autenticidad de "setenta y dos" como la

---

31   Bruce Metzger, "Seventy or Seventy-Two Disciples? [¿Setenta o setenta y dos discípulos?]", *New Testament Studies* 5 (1959), 299–306 (cita de p. 306). Véase también la respuesta de Sidney Jellicoe, "St Luke and the 'Seventy(-Two) [San Lucas y los setenta (y dos)". *New Testament Studies* 6 (1960), 319–21.

lectura más difícil.[32] Aunque no podamos determinar con certeza el número, es importante mantener en mente la naturaleza dividida de la evidencia de manuscritos cuando luchamos con el significado de este texto.

La mayoría de los eruditos están de acuerdo en que el número (que por conveniencia, llamaremos "setenta") tiene un significado simbólico. Seguramente la selección por parte de Jesús de doce discípulos no fue ningún accidente. El número doce claramente simboliza la reconstitución de Israel (Gn. 35:23–26), el pueblo de Dios. Esto sugiere que el número setenta se basa en la narrativa del Antiguo Testamento, y tiene también un significado simbólico. Se han ofrecido varias propuestas,[33] no obstante yo sostendría que el trasfondo para la referencia a los "setenta" debe encontrarse en Números 11:24–30. Este pasaje describe cómo el Señor "tomó del espíritu que estaba en él [Moisés], y lo puso en los setenta varones ancianos" (Nm. 11:25). Esto hizo que los setenta ancianos, que se habían reunido alrededor del Tabernáculo de reunión, profetizaron por un breve momento. Sin embargo, otros dos ancianos, Eldad y Medad, no fueron al Tabernáculo de reunión;

---

32   Una "lectura más difícil" se refiere a una versión única de un texto preservado en manuscritos tempranos que es difícil de explicar como una corrección, omisión o adición de un copista. Así, esta lectura "difícil" a menudo es considerada como la auténtica. Todos los siguientes eruditos favorecen la lectura "setenta y dos" como la original: Darrell L. Bock, *Luke 9.51–24.53*, Baker Exegetical Commentary of the New Testament [Comentario exegético del Nuevo Testamento] (Grand Rapids: Baker Academic, 1996), 994; I. Howard Marshall, *The Gospel of Luke: A Commentary on the Greek Text* [El Evangelio de Lucas: Comentario del texto griego] (NIGCT; Grand Rapids: Eerdmans, 1978), 415; Joel Green, *The Gospel of Luke* [El Evangelio de Lucas] (NICNT; Grand Rapids: Eerdmans, 1997), 409; Robert C. Tannehill, *The Narrative Unity of Luke-Acts: A Literary Interpretation, Volume 1: The Gospel According to Luke* [La unidad narrativa de Lucas-Hechos: Una interpretación literaria. volumen 1: El Evangelio según Lucas] (Philadelphia: Fortress Press, 1986), 233; Craig Evans, *Luke*, New International Biblical Commentary (Peabody: Hendrickson, 1990), 172. Una excepción a esta regla general es John Nolland, que prefiere la lectura "setenta" (Luke 9.21–18.34, Word Biblical Commentary 35B [Dallas: Word, 1993], 546).

33   Para las diversas opciones véase Metzger, "Seventy or Seventy-Two Disciples?", 303–4 y Bock, *Luke 9.51–24.53*, 1015.

antes bien, ellos per-manecieron en el campamento. Sin embargo, el Espíritu también cayó sobre ellos y comenzaron a profetizar y continuaron haciéndolo. Al oír Josué estas noticias, corrió adonde estaba Moisés y le urgió a detenerlos. Moisés contestó: "¿Tienes tú celos por mí? Ojalá todo el pueblo de Jehová fuese profeta, y que Jehová pusiera su espíritu sobre ellos" (Nm. 11:29).

La propuesta de que Lucas se refiere a Números 11 tiene varias ventajas significativas por sobre otras explicaciones: (1) cumple con las dos tradiciones textuales que son la base de Lucas 10:1 (¿Cuántos realmente profetizaron en Números 11?); (2) encuentra cumplimiento explícito en la narrativa de Hechos; (3) se vincula con uno de los grandes temas de Lucas-Hechos, la obra del Espíritu Santo; y (4) numerosas alusiones a Moisés y sus acciones en la narrativa de viajes de Lucas apoyan nuestra suposición de que el simbolismo para la referencia de Lucas a los Setenta debiera encontrarse en Números 11.[34]

Con este trasfondo en mente, el significado del simbolismo se encuentra en el aumento del número de discípulos "enviados" en misión, de Doce a Setenta. La referencia a los Setenta evoca la memoria del deseo de Moisés de que "ojalá todo el pueblo de Jehová fuese profeta", y de esta manera señala a Pentecostés (Hechos 2), donde este deseo se cumple inicial y dramáticamente. Este deseo se sigue cumpliendo a través de Hechos a medida que Lucas describe la venida del Espíritu de profecía, que inviste de poder, a nuevos centros de actividad misionera, tales como aquellos congregados en Samaria (Hechos 8:14–17), en la casa de Cornelio (Hechos 10:44–48), y en Efeso (Hechos 19:1–7). La referencia a los Setenta, entonces, no sólo simplemente anticipa la

---

34   Para un apoyo más detallado de esta posición, véase Robert P. Menzies, *The Language of the Spirit: Interpreting and Translating Charismatic Terms* [El lenguaje del Espíritu: Interpretación y traducción de términos carismáticos] (Cleveland, TN: CPT Press, 2010), 73–82.

La referencia a los Setenta... prevé el derramamiento del Espíritu sobre todos los siervos del Señor, y su participación universal en la misión de Dios.

misión de la iglesia a los gentiles; sino antes bien, prevé el derramamiento del Espíritu sobre todos los siervos del Señor, y su participación universal en la misión de Dios (Hechos 2:17–18; cf. 4:31).[35]

Desde la perspectiva de Lucas, cada miembro de la iglesia es llamado (Lucas 24:45–49; Hechos 1:4–8/Is. 49:6) e investido de poder (Hechos 2:17–21; cf. 4:31) para ser un profeta. Lejos de ser un acontecimiento único e irrepetible, Lucas subraya que la investidura profética de poder experimentada por los discípulos en Pentecostés está disponible para todo el pueblo de Dios. Su historia es en verdad nuestra historia. En Pentecostés, el deseo de Moisés comienza ahora a ser realizado. Lucas 10:1 anticipa el cumplimiento de esta realidad.

3. HECHOS 2:17-21 E HISTORIA DE LA SALVACIÓN

Hemos mencionado ya el papel importante que la versión editada de Lucas acerca de la profecía de Joel (Hechos 2:17–21) cumple en la narrativa de Lucas. Una modificación adicional del texto de Joel es importante para nuestra discusión. El texto de Joel

---

35   Keith F. Nickle, *Preaching the Gospel of Luke: Proclaiming God's Royal Rule* [Predicando el Evangelio de Lucas: Proclamando el gobierno regio de Dios] (Louisville: Westminster John Knox Press, 2000), 117: "Los 'setenta' es la iglesia en su totalidad, incluyendo la propia comunidad de Lucas, anunciando irrupción del gobierno regio de Dios a lo largo y ancho de la creación de Dios."

sólo se refiere a "prodigios en el cielo y en la tierra" (Joel 2:30). Aun así, el hábil trabajo editorial de Lucas le permite producir la localización de "prodigios y señales" encontradas en Hechos 2:19. Añadiendo simplemente unas palabras, Lucas transforma el texto de Joel de modo que éste lea: "Y daré prodigios *arriba* en el cielo, y señales *abajo* en la tierra" (Hechos 2:19, énfasis añadido). La importancia de este trabajo editorial se vuelve evidente cuando leemos los versículos que inmediatamente siguen a la cita de Joel. Pedro declara: "Jesús nazareno, varón aprobado por Dios entre vosotros con las maravillas, prodigios y señales" (Hechos 2:22). La importancia del trabajo editorial de Lucas se evidencia aún más cuando recordamos que Lucas también asocia "señales y prodigios" con el ministerio de la iglesia primitiva. De hecho, nueve de los dieciséis usos de la expresión "señales y prodigios (maravillas)" (σημεῖα καὶ τέρατα) en el Nuevo Testamento aparecen en el libro de Hechos.[36] Tempranamente en la narrativa de Hechos, los discípulos piden al Señor que extienda su mano "para que se hagan sanidades y señales y prodigios mediante el nombre de... Jesús" (Hechos 4:31). Esta oración es respondida de manera dramática. Unos cuantos versículos más abajo leemos: "Y por la mano de los apóstoles se hacían muchas señales y prodigios en el pueblo" (Hechos 5:12). Del mismo modo, Lucas describe cómo Esteban, un creyente ajeno al círculo apostólico, "hacía grandes prodigios y señales entre el pueblo" (Hechos 6:8). El Señor también permitió a Pablo y Barnabé "que se hiciesen por las manos de ellos señales y prodigios" (Hechos 14:3; cf. 15:12).

Todo esto demuestra que reformando hábilmente la profecía de Joel, Lucas une los milagros de Jesús y aquellos de la iglesia primitiva con las señales cósmicas mencionadas por Joel (Hechos

---

36   Hechos 2:19, 22, 43; 4:30; 5:12; 6:8; 7:36; 14:3; 15:12.

2:19-20). Estos acontecimientos milagrosos son "señales y prodigios" que marcan estos "postreros días". Lucas, entonces, no sólo está consciente del papel significativo que los milagros han cumplido en el crecimiento de la iglesia primitiva, él también espera que estas "señales y prodigios" también caractericen el ministerio de la iglesia en nuestro día. Nosotros también, vivimos en "los postreros días", aquella época comprendida entre la primera y la segunda venida de Jesús. Según Lucas, es una era que debe estar marcada por señales y prodigios.[37]

Este pasaje, entonces, demuestra que para Lucas, la historia de la salvación presentada en su narrativa no puede ser rígidamente segmentada en distintos períodos. El reino de Dios (o la nueva edad cuando las promesas del pacto de Dios comienzan a cumplirse) es inaugurado con el nacimiento milagroso de Jesús (o, como máximo, con el ministerio público de Jesús, que estuvo marcado por milagros), y sigue cumpliéndose progresivamente hasta su Segunda Venida y la consumación del plan redentor de Dios. Pentecostés es en verdad un acontecimiento escatológico significativo, pero no representa la entrada de los discípulos en la nueva edad;[38] antes bien, Pentecostés es el cumplimiento del deseo de Moisés de que "ojalá todo el pueblo de Jehová fuese profeta" (Nm. 11:29; cf. Joel 2:28-29 y Hechos 2:17-18) y, como tal, representa una investidura de la iglesia para su misión divinamente designada. En resumen, en este paso crucial Lucas acentúa la continuidad que une la historia de Jesús y la historia de la iglesia primitiva. La obra en dos volúmenes de Lucas representa "una historia

---

37   Según Lucas, el ministerio de los profetas del fin del tiempo, mencionados por Joel, también recibirán dirección divina (Hechos 2:17) y mostrarán un testimonio valiente (Hechos 2:18).

38   Sólo leyendo Lucas-Hechos a través de la lente de la teología paulina puede Pentecostés ser interpretado como el momento en que los discípulos entran en la nueva edad.

de Jesucristo,"[39] un hecho que está implícito por las palabras iniciales de Hechos: "En el primer tratado, oh Teófilo, hablé acerca de todas las cosas que Jesús comenzó a hacer y a enseñar" (Hechos 1:1).[40]

Otra implicación significativa que surge de este enfoque: el nacimiento de la iglesia no puede ser fechado en Pentecostés. En efecto, en su monografía estimulante, Graham Twelftree sostiene que, para Lucas, el principio de la iglesia debe remontarse a la selección de Jesús de los Doce. Twelftree declara: "Lucas no llamaría Pentecostés el nacimiento de la iglesia. Para él los orígenes de la iglesia [están] en el llamado y comunidad de los seguidores de Jesús durante su ministerio".[41] Además, Twelftree afirma que "el ministerio de la iglesia no es visto como distinto del ministerio de Jesús, sino como una continuación de éste".[42] Estas conclusiones, sacadas en gran parte del retrato que Lucas presenta de los apóstoles, son apoyadas por la referencia que Lucas hace de la profecía de Joel.

> **Lucas acentúa la continuidad que une la historia de Jesús y la historia de la iglesia primitiva.**

---

39 Martin Hengel, *Acts and the History of Earliest Christianity* [Hechos y la historia del cristianismo más temprano], trad. J. Bowden (London: SCM Press, 1979), 59.

40 Graham H. Twelftree, *People of the Spirit: Exploring Luke's View of the Church* [El pueblo del Espíritu: Explorando la perspectiva de Lucas acerca de la iglesia] (Grand Rapids: Baker, 2009), 30.

41 Ibid., 28.

42 Ibid.

CONCLUSIÓN

Una de las grandes ventajas del movimiento pentecostal es que ha leído la promesa de Pentecostés, contenida en la cita que Pedro hace de Joel (Hechos 2:17–21), como un modelo para la misión de la iglesia. He sostenido que este enfoque al texto, aunque contradice muchas interpretaciones y suposiciones evangélicas, captura bien la intención de Lucas. Éste ha desarrollado cuidadosamente su narrativa y hábilmente editado la cita de Joel. Una lectura cuidadosa revela que la narrativa de Lucas es mucho más que una revisión nostálgica de cómo todo esto comenzó. Aunque Lucas esté interesado en acentuar la confiabilidad del testimonio apostólico, sus objetivos van más allá de esto. La narrativa de Lucas nos provee también de mucho más que simplemente un resumen de la predicación apostólica. Aunque Lucas desea afirmar el contenido de nuestro mensaje, otra vez sus objetivos son más grandes. A través de su obra de dos volúmenes, Lucas declara que la iglesia, en virtud de su recepción del don de Pentecostés, no es nada menos que una comunidad de profetas. No importa si somos jóvenes o ancianos, varones o mujeres, ricos o pobres, negros o blancos; el Espíritu de Pentecostés viene para permitir a cada miembro de la iglesia, a cada uno de nosotros, cumplir nuestro llamado profético de ser una luz para las naciones.

Lucas nos llama a estar atentos a la dirección del Espíritu, que se complace en conducirnos por caminos arriesgados y sorprendentes.

Pentecostés, entonces, es un paradigma para la misión de la iglesia. Lejos de ser único e irrepetible, Lucas espera que la historia de Pentecostés sea parte de la experiencia de cada seguidor de Jesús. Lucas habla directamente a su iglesia y a la nuestra. Lucas nos llama a estar atentos a la dirección del Espíritu, que se complace en conducirnos por caminos arriesgados y sorprendentes. Lucas nos desafía a testificar valientemente de Jesús, independientemente de los obstáculos u oposición que se nos presenten, ya que podemos confiar en el poder del Espíritu para sostenernos y concedernos fuerza. Además, Lucas nos anima a esperar que "señales y prodigios" acompañen nuestro ministerio. Que nuestra oración sea aquella de la iglesia primitiva: "Señor... concede a tus siervos que con todo denuedo hablen tu palabra, mientras extiendes tu mano para que se hagan sanidades y señales y prodigios mediante el nombre de tu santo Hijo Jesús" (Hechos 4:29–30).

CAPÍTULO DOS

EL BAUTISMO EN EL ESPÍRITU SANTO

No hace mucho, un líder chino de una casa iglesia comentó: "Cuando los cristianos occidentales leen el libro de Hechos, ellos encuentran en él *historias inspiradoras*; cuando los creyentes chinos leen el libro de Hechos, vemos en él *nuestra vida*". El punto de mi amigo chino estaba claro: su experiencia de oposición y persecución influye en ellos cuando leen la narrativa de Lucas. Los creyentes chinos tienden a leer Lucas-Hechos con un sentido de urgencia y desesperación, un sentido de hambre generada por su necesidad. De este modo, ellos fácilmente se identifican con las luchas de Pedro y Juan, de Esteban y Pablo. De la misma manera ellos también aceptan fácilmente la promesa del Espíritu, que los inviste de poder para perseverar y testificar con valentía acerca de Jesús al enfrentar la oposición. Implícito en el comentario de mi amigo también está la creencia de que los cristianos en un occidente estable y abundante, que viven en contextos donde la iglesia cristiana tiene una historia larga y antigua, pueden tener dificultad al leer el libro de Hechos de esta manera. Él sugería que en occidente puede ser difícil identificarse con las luchas y las necesidades de los primeros discípulos, y por lo tanto no leemos con el mismo sentido de solidaridad o con el mismo sentido de urgencia.

Creo que esta conversación menciona quizás la mayor contribución que el movimiento pentecostal hace a la iglesia en el mundo: el movimiento pentecostal llama la iglesia universal a dar una mirada fresca a la obra de Lucas en dos volúmenes. En el proceso, anima la iglesia a considerar otra vez su propio entendimiento y su propia necesidad de poder del Espíritu Santo. Es precisamente aquí, en Lucas-Hechos, donde encontramos el mensaje central que distingue al movimiento pentecostal. Desde los primeros días del avivamiento pentecostal moderno, los pentecostales han proclamado que todos los cristianos pueden, y en efecto deberían, experimentar un bautismo en el Espíritu Santo "distinto y subsecuente a la experiencia del nuevo nacimiento".[43] Este entendimiento del bautismo de Espíritu fluye naturalmente de la convicción de que el Espíritu vino sobre los discípulos en Pentecostés (Hechos 2), no como la fuente de la existencia de un nuevo pacto, sino más bien como la fuente de poder para un testimonio eficaz. Este entendimiento del bautismo en el Espíritu dio al movimiento pentecostal moderno su identidad, su experiencia unificadora, y su enfoque misiológico.

El rápido crecimiento de las iglesias pentecostales alrededor del mundo, en particular en el Tercer Mundo, hace difícil que las iglesias de occidente no presten atención a este movimiento y su teología. En efecto, las iglesias pentecostales alrededor

---

43   *Minutes of the 44th Session of the General Council of the Assemblies of God* [Actas de la 44a Sesión del Concilio General de Las Asambleas de Dios] (Portland, OR; Agosto 6–11, 1991), 129.

del mundo han estado creciendo con tal rapidez que "algunos historiadores se refieren al siglo XX como 'el Siglo Pentecostal'".[44] De este modo, hoy, prestemos atención al llamado y volvamos otra vez a las páginas de Lucas-Hechos. Más específicamente, examinemos la comprensión de Lucas del bautismo en el Espíritu y su significado para la teología

> **El rápido crecimiento de las iglesias pentecostales alrededor del mundo, en particular en el Tercer Mundo, hace difícil que las iglesias de occidente no presten atención a este movimiento y su teología.**

pentecostal. Comenzaremos examinando la manera en que la tradición reformada ha entendido esta metáfora del Nuevo Testamento, el bautismo en el Espíritu. Después definiremos la manera particular en que Lucas usa este término. Finalmente, extraeremos implicaciones de nuestro estudio para la iglesia contemporánea.

1. REPLANTEAMIENTO DE POSTULADOS PASADOS

La comprensión pentecostal del bautismo en el Espíritu como investidura de poder para el servicio, distinto de la conversión, no ha sido aceptada por muchas personas de las diversas tradiciones de la iglesia cristiana, incluyendo la mayoría de los eruditos calvinistas. Juan Calvino no escribió sobre el bautismo en el Espíritu de un modo intencional o particular. Sin embargo,

---

44   Vinson Synan, *The Century of the Holy Spirit: 100 Years of Pentecostal and Charismatic Renewal* [El siglo del Espíritu Santo: 100 años de renovación pentecostal y carismática] (Nashville, TN: Thomas Nelson, 2001), 2.

cuando él se refiere al bautismo en el Espíritu, lo asocia con la obra regeneradora del Espíritu. Calvino declara: "él nos 'bautiza en el Espíritu Santo y fuego' (Lucas 3:16)" de modo que seamos conducidos a "la luz de la fe en su evangelio... por lo tanto regenerándonos para convertirnos en nuevas criaturas".[45] En otra parte Calvino habla del Espíritu Santo como "la energía secreta del Espíritu, mediante la cual venimos a disfrutar de Cristo y todos sus beneficios".[46] Él también describe el Espíritu como "el vínculo mediante el cual Cristo nos une eficazmente a él".[47] En el contexto de los escritos y pensamiento de Calvino, parecería que esta obra redentora del Espíritu es inaugurada con el bautismo en el Espíritu.

Calvino no presta mucha atención a la dimensión de investidura de la obra del Espíritu. Aunque Calvino habla con frecuencia del Espíritu Santo como "el maestro interior",[48] el poder que ilumina la mente y abre el corazón de aquel que *oye* el evangelio, él no destaca el papel del Espíritu en investir de poder a aquel que *proclama* el mensaje. Quizás esto se debe en parte a su énfasis en el Espíritu como quién hace eficaces los sacramentos por una parte, y a su polémica contra la confirmación como un sacramento por la otra. Calvino se opuso fuertemente a la noción de que la confirmación, un rito subsecuente al bautismo en agua, era un verdadero sacramento. Algunos afirmaban que mientras el Espíritu era conferido en el bautismo en agua para la regeneración, en la confirmación el Espíritu era concedido a fin

---

45 Calvin, *Institutes*, 3.1.4 (I, 542). Véase también *Institutes*, 4.16.25 (II, 1348). Todas las referencias a los Institutos de Calvino son tomadas de John Calvin, *Institutes of the Christian Religion* [Institutos de la religión cristiana], 2 vols., trad. F. L. Battles y ed. J. T. McNeill, Library of Christian Classics 20 (Philadelphia: Westminster Press, 1960).

46 Calvin, *Institutes*, 3.1.1 (I, 537).

47 Ibid., 538.

48 Calvin, *Institutes*, 4.14.9 (II, 1284). Véase también *Institutes*, 3.1.4 (I, 541).

de equipar al creyente "para la batalla". Calvino, sostuvo que esta práctica carecía del apoyo bíblico, y concluye: "Vemos el aceite —el líquido espeso y grasoso— nada más".[49]

Es interesante notar que en el contexto de su refutación de la confirmación, Calvino habla del otorgamiento del Espíritu a creyentes ya bautizados, registrado en Hechos 8:16. Él declara que Lucas aquí no niega que "aquellos que creen en Cristo con su corazón y le confiesan con su boca son dotados de cualquier don del Espíritu (Romanos 10:10)" antes bien Lucas tiene "en mente la recepción del Espíritu, mediante la cual poderes manifiestos y gracias visibles fueron recibidas".[50] Calvino sostiene, sin embargo, que "aquellos poderes milagrosos y obras manifiestas, que fueron impartidas mediante la imposición de manos, han cesado; y ellas duraron correctamente sólo por un tiempo".[51]

Otros eruditos en la tradición reformada pueden poner el acento en lugares ligeramente diferentes. Karl Barth, por ejemplo, separa más claramente el bautismo en el Espíritu del bautismo en agua.[52] Sin embargo, la mayoría de los eruditos en la tradición reformada definen el bautismo en el Espíritu esencialmente de la misma manera: la transformación milagrosa del creyente obrada por Dios. De los eruditos reformados prominentes, Hendrikus Berkhof es el que más se acerca a un reconocimiento de la contribución positiva por parte de los pentecostales. Él ve

---

49   Calvin, *Institutes*, 4.19.5 (II, 1453).

50   Calvin, *Institutes*, 4.19.8 (II, 1456).

51   Calvin, *Institutes*, 4.19.6 (II, 1454).

52   Véase Frank D. Macchia. "Astonished by Faithfulness to God: A Reflection on Karl Barth's Understanding of Spirit Baptism [Asombrado por la fidelidad de Dios: Una reflexión sobre la comprensión de Karl Bath acerca del bautismo en el Espíritu]" en *The Spirit and Spirituality: Essays in Honour of Russell P. Spittler* [El Espíritu y espiritualidad: Ensayos en honor de Rusell P. Spittler], eds. W. Ma y R. Menzies (London: T & T Clark International, 2004), 164–776. Estoy en deuda con Frank Macchia por sus útiles comentarios acerca de Barth y H. Berkhof.

el bautismo en el Espíritu en términos de regeneración, pero él piensa que esto consiste de tres elementos: justificación, santificación, y llamado o vocación.[53] Berkhof acredita a los pentecostales con destacar la dimensión vocacional del bautismo en el Espíritu, y reprocha a Calvino en gran parte por no hacer caso de ella. No obstante, Berkhof también reprende a los pentecostales por definir el bautismo en el Espíritu únicamente en términos vocacionales.

El hilo común que une las perspectivas de estos teólogos reformados es el postulado de que el Nuevo Testamento presenta un cuadro relativamente unificado acerca de la obra del Espíritu en general y el bautismo en el Espíritu en particular. En 1 Corintios 12:13 Pablo claramente habla del bautismo del Espíritu como el medio por el cual el creyente es iniciado en el cuerpo de Cristo: "Porque por un solo Espíritu fuimos todos bautizados en un cuerpo, sean judíos o griegos, sean esclavos o libres; y a todos se nos dio a beber de un mismo Espíritu". Pablo, que escribe desde una etapa temprana en la vida de la iglesia, ofrece un registro rico y abundante de la obra del Espíritu. Pablo habla del Espíritu como la fuente de limpieza (1 Co. 6:11; Ro. 15:16), justicia (Gal. 5:5; Ro. 8:1–17; Gal. 5:16–26), compañerismo íntimo con Dios (Gal. 4:6; Ro. 8:14–17), y conocimiento de Dios (1 Co. 2:6–16; 2 Co. 3:3–18). Aun Él describe la transformación última, la resurrección, como una obra del Espíritu (Ro. 8:11; 1 Co. 15:42–49; Gal. 6:8). Todo esto sugiere que a partir de los primeros días, la iglesia primitiva tuvo una pneumatología unificada y muy desarrollada. Pablo, Lucas, y Juan hablan con una voz: el Espíritu es la fuente misma de la existencia cristiana. ¿Cómo, entonces, podría el bautismo

---

53   Hendrikus Berkhof, *The Doctrine of the Holy Spirit* [La doctrina del Espíritu Santo] (Louisville: Westminster/John Knox, 1986), 46–56.

en el Espíritu ser algo menos que la transformación milagrosa del creyente?

Aún así, hay buenas razones para poner en duda esta lectura de textos del Nuevo Testamento, y las conclusiones teológicas basadas en ella. He sostenido en otra parte que un estudio cuidadoso de Lucas-Hechos y la literatura pauli-na revela que hubo un proceso de desarrollo en la comprensión por parte de la iglesia primitiva de la obra del Espíritu.[54] Esto, por supuesto, no es una tesis nueva y muchos eruditos, desde Hermann Gunkel a Gonzalo Haya-Prats, han llegado a conclusiones similares.[55] Mi propio estudio de la evidencia, en particular en Lucas-Hechos,[56] me llevó a concluir que Pablo fue el primer cristiano en atribuir funciones soteriológicas al Espíritu, y que sus criterios particulares no afectaron los sectores no-paulinos de la iglesia

> **Una teología del Espíritu que sea realmente bíblica debe hacer justicia a la pneumatología de *cada* autor bíblico.**

---

54   Robert P. Menzies, *The Development of Early Christian Pneumatology with Special Reference to Luke-Acts* [El desarrollo de la peumatología cristiana primitiva, con referencia especial a Lucas-Hechos] (Sheffield: JSPT Press, 1991). También argumento que el Evangelio de Juan apoya el desarrollo de mi tesis. Véase Robert P. Menzies, "John's Place in the Development of Early Christian Pneumatology [El papel de Juan en el desarrollo de la peumatología cristiana primitiva"] en *The Spirit and Spirituality*, 41–52

55   Hermann Gunkel, *The Influence of the Holy Spirit: The Popular View of the Apostolic Age and the Teaching of the Apostle Paul,* [La influencia del Espíritu Santo: La perspectiva popular y la enseñanza del apóstol Pablo], trans. R. A. Harrisville and P.A. Quanbeck II (Philadelphia: Fortress Press, 1979; alemán original, 1888); Gonzalo Haya-Prats, *Empowered Believers: The Holy Spirit in the Book of Acts* [Creyentes investidos de poder: El Espíritu Santo en el libro de Hechos], trad. Paul Elbert y Scott A. Ellington (Eugene, OR: Cascade Books, 2010); véase también las fuentes citadas en Menzies, *Development*, 18–28.

56   Véase Robert P. Menzies, *Development* y la versión ligeramente revisada, *Empowered for Witness: The Spirit in Luke-Acts* [Investidos de poder para testificar: El espíritu en Lucas-Hechos] (Sheffield: Sheffield Academic Press, 1994). Véase también Menzies y Menzies, *Spirit and Power* [Espíritu y poder].

primitiva sino hasta después de haberse escrito Lucas-Hechos (aproximadamente 70 d.C.). El punto clave para nuestro estudio es la afirmación de que la teología de Lucas acerca del Espíritu es *diferente* de la de Pablo. A diferencia de Pablo, que con frecuencia habla de la dimensión soteriológica de la obra del Espíritu, Lucas constantemente presenta al Espíritu como un don carismático o, más exactamente, un don profético, la fuente de poder para el servicio.

Las importantes implicaciones de esta conclusión no pueden ser pasadas por alto. Si éste en efecto es el caso, entonces la dimensión carismática del Espíritu de la cual Lucas testifica debe ser colocada junto a la dimensión soteriológica, tan prominente en los escritos de Pablo. Ciertamente una teología del Espíritu que sea realmente bíblica debe hacer justicia a la pneumatología de *cada* autor bíblico.

Además, al ubicar el relato de Pentecostés dentro del marco de la teología particular de Lucas acerca del Espíritu, podemos sostener con fuerza considerable que el Espíritu vino sobre los discípulos en Pentecostés, no como la fuente de la existencia del nuevo pacto, sino, como la fuente de poder para el testimonio eficaz. Que, a propósito, es exactamente lo que Lucas declara en Hechos 1:8. Ya que este don pentecostal, este bautismo en el Espíritu, es carismático antes que soteriológico en carácter, y debe ser distinguido del don del Espíritu —y aun del bautismo en el Espíritu en 1 Corintios 12:13— que Pablo tan claramente asocia con conversión y regeneración. Aquí, entonces, hay un argumento fuerte para la comprensión pentecostal del bautismo en el Espíritu. Es decir que el bautismo en el Espíritu en el sentido lucano es lógicamente distinto de la conversión. Esta distinción y propósito únicamente misiológico es una reflexión de la teología particular de Lucas acerca del Espíritu.

Este reconocimiento de que la teología de Lucas acerca del Espíritu es *diferente* de la de Pablo es crucial entonces para una comprensión pentecostal del bautismo en el Espíritu. Como hemos visto, algunos teólogos reformados estarían de acuerdo en que Lucas enfatiza el papel del Espíritu en equipar a la iglesia para su misión. Berkhof habla de la dimensión "vocacional" de la obra del Espíritu. Calvino se refiere al otorgamiento "de poderes manifiestos" y "gracias visibles". Pero al mismo tiempo, ellos todavía sostienen que Lucas, en una manera similar a Pablo, relaciona el bautismo en el Espíritu con la salvación. Esta dimensión vocacional o carismática del bautismo en el Espíritu es simplemente una reflexión del *énfasis* de Lucas. De esta manera, los teólogos reformados pueden hablar del don del Espíritu recibido en Pentecostés como el elemento esencial de la conversión, el medio por el cual los discípulos experimentan las bendiciones del nuevo pacto (es decir, limpieza, justificación, transformación moral), sin embargo ellos también pudieran reconocer que la divina investidura de poder es prominente en la narrativa de Lucas. Sin embargo, si nuestro resumen de la pneumatología de Lucas descrito más arriba es correcto, esto no lo hará. Como hemos afirmado, Lucas ve el don del Espíritu *exclusivamente* en términos carismáticos. Su narrativa refleja más que un *énfasis* especial; esto atestigua una *teología particular* acerca del Espíritu. Por consiguiente, el carácter carismático del bautismo en el Espíritu como lo presenta Lucas no puede ser puesto en duda, y la contribución única y pentecostal de Lucas a la pneumatología bíblica deben otorgársele el debido respeto.

> **Lucas consistentemente describe el don del Espíritu como una investidura de poder profética.**

Como he mencionado, la evidencia sugiere que la teología de Lucas acerca del Espíritu es en efecto *diferente* de la de Pablo, en última instancia complementaria, pero diferente. Lucas no sólo deja de lado los aspectos soteriológicos de la obra del Espíritu, sino que su narrativa presupone una pneumatología que no incluye esta dimensión (p.ej., Lucas 11:13; Hechos 8:4–25; 18:24–19:7.[57] Por supuesto que se requiere de un examen detallado de la obra de Lucas en dos volúmenes para defender esta aseveración. He proporcionado esto en otra parte.[58] En este breve capítulo, sin embargo, creo que puedo presentar mi argumentación concentrándome en tres pasos claves asociados con el término bautismo en el Espíritu Santo: La profecía de Juan el Bautista (Lucas 3:16–17); el sermón de Jesús en Nazaret (Lucas 4:17–19); y las referencias a la promesa del Espíritu (Lucas 24:49; Hechos 1:4, 2:33, 2:39).

2. LA PERSPECTIVA PARTICULAR DE LUCAS

A través de su obra en dos volúmenes, Lucas consistentemente describe el don del Espíritu como una investidura de poder profética. Ya sea Juan en la matriz de su madre, Jesús en el río Jordán, o los discípulos en Pentecostés, el Espíritu viene sobre todos ellos como la fuente de inspiración profética, concediendo una percepción especial e inspirando el habla. Esto no debería sorprendernos, ya que la literatura del judaísmo intertestamentario también identifica el Espíritu con la

---

57   He observado también que las tradiciones de la iglesia primitiva utilizadas por Pablo fracasan en atribuir funciones soteriológicas al Espíritu. Véase Menzies, *Development*, 282–315.

58   Menzies, *Development* y *Empowered for Witness.*

inspiración profética.[59] Esta perspectiva pneumatológica moldea los textos claves de Lucas, que hablan del bautismo en el Espíritu Santo. Consideraremos estos textos ahora.

La profecía de Juan el Bautista

La profecía de Juan el Bautista acerca de Aquel que bautizaría en Espíritu Santo y fuego, registrada en Lucas 3:16–17, es en particular importante para nuestro estudio:

> Respondió Juan, diciendo a todos: Yo a la verdad os bautizo en agua; pero viene uno más poderoso que yo, de quien no soy digno de desatar la correa de su calzado; él os bautizará en Espíritu Santo y fuego. Su aventador está en su mano, y limpiará su era, y recogerá el trigo en su granero, y quemará la paja en fuego que nunca se apagará (Lucas 3:16–17).

La interpretación de esta profecía —específicamente las funciones que se atribuyen al Espíritu— es crucial, ya que Lucas claramente ve esta profecía al menos parcialmente cumplida en Pentecostés, en el bautismo de los discípulos en el Espíritu (Hechos 1:4–5). James Dunn habla por muchos cuando declara que la profecía presenta aquel Espíritu como "purgativo y refinador para aquellos que se habían arrepentido, destructivo... para aquellos que permanecieron impenitentes".[60] Sin embargo, creo que esta interpretación debe ser rechazada a la luz del trasfondo

---

59   Esta es la perspectiva dominante. Las únicas excepciones se hallan en los escritos sapienciales y son muy escasas.

60   James Dunn, *Baptism in the Holy Spirit* [Bautismo en el Espíritu Santo] (London: SCM Press, 1970), 13.

judío, el contexto inmediato con su metáfora de aventamiento, y el contexto más amplio de Lucas-Hechos.

El trasfondo judío es en particular instructivo. No hay ninguna referencia pre cristiana a un otorgamiento mesiánico del Espíritu que purifica y transforma al individuo. Sin embargo, hay muchos pasajes que describen al Mesías como carismáticamente investido del Espíritu de Dios de modo que Él pudiera gobernar y juzgar (p.ej., 1 Enoc 49:3; 62:2).[61] Isaías 4:4 se refiere al Espíritu de Dios como el medio por el cual la nación de Israel (¡no individuos!) sería tamizada siendo los justos separados de los impíos, y así la nación sería limpiada. Varios textos vinculan estos dos conceptos. Quizás el más asombroso aparece en Salmos de Salomón 17:26–37, un pasaje que describe cómo el Mesías, "poderoso en el Espíritu Santo" (17:37), purificará a Israel expulsando de la nación a todos los extranjeros y pecadores. Isaías 11:2–4 declara que el Mesías investido de poder por el Espíritu matará al impío "con el espíritu [*ruach*] de sus labios".[62] En este trasfondo no es difícil prever el Espíritu de Dios como un instrumento empleado por el Mesías para tamizar y limpiar la nación. En efecto, estos textos sugieren que cuando Juan se refirió en lenguaje metafórico al derramamiento mesiánico del Espíritu, él tuvo en mente oráculos de juicio inspirados por el mismo Espíritu y pronunciado por el Mesías (cf. Is. 11:4), una ráfaga que separarían el trigo de la paja.

Lucas, escribiendo a la luz de Pentecostés, ve el cuadro más completo y aplica la profecía al testimonio de la iglesia primitiva, inspirado por el Espíritu (Hechos 1:4–5). A través de su testimonio, el trigo es separado de la paja (Lucas 3:17). Esta interpretación

---

61   Aunque escritos tales como *1 Enoc, Salmos de Salomón*, y varios escritos de Qumrán no están incluidos en el canon protestante de las Escrituras, ellos arrojan una importante luz acerca de las perspectivas teológicas de los judíos del primer siglo. Es por esta razón que los cito aquí.

62   Este pasaje resuena en *1 Enoc* 62:2 y 1QSb 5:24–25.

es reforzada por la metáfora del aventamiento, que presenta al viento como la fuente cernedora. Ya que el término traducido como "viento" del griego (*pneuma*) y del hebreo (*ruach*) también se aplica al "Espíritu", el simbolismo es en particular asombroso. Este testimonio inspirado por el Espíritu y su impacto son predichos por la profecía de Simeón en Lucas 2:34. Simeón, en cuanto a Jesús, declara: "He aquí, éste está puesto para caída y para levantamiento de muchos en Israel".

En resumen Juan describió la obra del Espíritu, no como la limpieza de personas arrepentidas, sino como una ráfaga del "aliento" de Dios que tamizaría la nación. Lucas ve esta profecía, al menos en cuanto a la obra de cernido del Espíritu, cumplida en la misión de la iglesia inspirada por el Espíritu. El punto esencial para nuestro propósito es que Lucas presenta aquí al Espíritu, no como la fuente de limpieza para el individuo, sino como la fuerza vigorizante detrás del testimonio de la iglesia.

Jesús y el Espíritu

Lucas declara que Aquel que vendrá y bautizará en el Espíritu fue también ungido con el Espíritu (Lucas 3:22; 4:18; Hechos 10:38). Esto nos lleva a otra pregunta de central importancia: ¿Qué significado atribuye Lucas a la unción pneumática de Jesús? ¿Cómo entiende y presenta Lucas este importante acontecimiento?

La descripción de la unción pneumática de Jesús se registra sólo con dos oraciones en el Evangelio de Lucas (3:21–22). Afortunadamente, Lucas ha proporcionado un comentario ampliado sobre la importancia de este acontecimiento. Encontramos este comentario en el registro de Lucas acerca del sermón de Jesús en Nazaret. Este relato está registrado en Lucas

4:16–30, pero sólo citaré la parte pertinente para nuestra tarea, vv. 17–19:

> Y se le dio el libro del profeta Isaías; y habiendo abierto el libro, halló el lugar donde estaba escrito: El Espíritu del Señor está sobre mí, Por cuanto me ha ungido para dar buenas nuevas a los pobres; me ha enviado a sanar a los quebrantados de corazón; a pregonar libertad a los cautivos, y vista a los ciegos; a poner en libertad a los oprimidos; a predicar el año agradable del Señor. (Lucas 4:17–19)

La importancia de este pasaje es subrayada en una comparación con el Evangelio de Marcos. Lucas normalmente sigue muy de cerca la cronología de Marcos en cuanto al ministerio de Jesús. Sin embargo, aquí toma un acontecimiento —el ministerio de Jesús en Nazaret— que aparece en la mitad del Evangelio de Marcos (Mr. 6:1–6) y lo sitúa en el primer plano de su descripción del ministerio de Jesús. Por supuesto el registro de Lucas acerca del acontecimiento en Nazaret es mucho más completo que el de Marcos, e incluye detalles importantes para los objetivos de Lucas. El hecho de que estos objetivos incluye ayudar al lector a entender el significado de la recepción del Espíritu por parte de Jesús, es confirmado no sólo por el contenido de la cita de Isaías 61:1,2 que acabamos de leer (Lucas 4:17–19), sino también por las referencias al Espíritu en la narrativa de Lucas que unen los relatos de la unción de Jesús (Lucas 3:21–22) con su sermón en Nazaret (Lucas 4:16–30). Lucas nos recuerda en Lucas 4:1 que Jesús fue "lleno del Espíritu Santo" cuando Él entró en el desierto de la tentación. Y también afirma que Jesús salió de esta experiencia del desierto "en el poder del Espíritu" (Lucas

4:14). Con este "puente de redacción" Lucas destaca la conexión entre la unción pneumática de Jesús y su sermón en Nazaret. De este modo, el sermón en Nazaret es importante porque esto nos invita a *mirar hacia atrás*, para entender más plenamente el significado de la recepción del Espíritu por parte de Jesús.

Sin embargo, este pasaje también nos invita a *mirar hacia adelante*. Lucas desarrolla su narrativa de modo que no se pierdan de vista los paralelos entre la experiencia de Jesús con el Espíritu (Lucas 3–4) y aquella de los discípulos en el día de Pentecostés (Hechos 1–2). Ambos relatos:

1. Están situados al principio del Evangelio de Lucas por una parte, y el libro de Hechos por la otra

2. Asocian la recepción del Espíritu con la oración

3. Registran manifestaciones visibles y audibles

4. Ofrecen explicaciones del acontecimiento en la forma de un sermón, que alude al cumplimiento de la profecía del Antiguo Testamento

Así, Lucas presenta la manera en que Jesús recibió el Espíritu como un modelo de cómo lo recibirían los discípulos en Hechos y creyentes en futuras generaciones, incluyendo la suya (véase Lucas 11:13 y Hechos 2:17).

Es evidente, entonces, que este paso es crucial para entender el significado de la recepción del Espíritu por parte de Jesús y la que experimentarían los discípulos en Hechos. Por lo tanto, proporciona también una definición importante para la compresión del bautismo en el Espíritu por parte de Lucas. Con esto en mente, vayamos al asunto en cuestión: ¿Qué significado otorga Lucas a la unción pneumática de Jesús? La respuesta de

Lucas es inequívoca. La cita de Isaías, que desempeña un papel tan prominente en la narrativa, contesta con precisión a nuestra pregunta: la recepción del Espíritu por parte de Jesús en el Jordán (e interpretada en Nazaret) fue el medio por el cual Él fue equipado para llevar a cabo su misión mesiánica. Además, los verbos en el texto —"me ha ungido para *dar buenas nuevas a los pobres...* a *pregonar* libertad a los cautivos... a *predicar* el año agradable del Señor"— destacan la *proclamación*, el discurso inspirado, como el producto primario de la unción de Jesús. En resumen, Lucas presenta la recepción de Jesús del Espíritu en el Jordán como una unción profética, el medio por el cual Él fue equipado para llevar a cabo su tarea divinamente designada.

La promesa del Padre

> **Lucas presenta la recepción del Espíritu por parte de Jesús como un modelo para aquella de los discípulos en Hechos y futuras generaciones de creyentes, incluyendo la suya.**

Lucas se refiere a "la promesa" del Espíritu cuatro veces seguidas (Lucas 24:49; Hechos 1:4; 2:33–39). "La promesa" es identificada con el don del Espíritu en Pentecostés (2:33) y está explícitamente definida: la recepción de "la promesa" hará que los discípulos sean "investidos de poder desde lo alto" y permitirá que sean "testigos" eficaces (Lucas 24:48–49; Hechos 1:8). Además, para Lucas "la promesa" en cuanto al Espíritu se refiere al don del Espíritu de profecía prometido en Joel 2:28–32. Esto es aclarado en la cita de Joel 2:28–32 que Lucas registra en Hechos 2:17–21, y que enfatiza aún más su introducción editada de la cita.

Esta introducción incluye la expresión "dice Dios" (Hechos 2:17), y así identifica la profecía de Joel como "la promesa del Padre", la descripción plena de "la promesa" en tres de las cuatro referencias lucanas (Lucas 24:49; Hechos 1:4; 2:33). En la profecía de Joel, el Espíritu viene como la fuente de inspiración profética, un punto que Lucas destaca insertando la frase "y profetizarán" (Hechos 2:18) en el texto griego de Joel. Otra modificación, la transformación de Lucas de "los siervos" de Joel en "mis siervos" —llevada a cabo por su doble introducción de "mis" en Hechos 2:18— destaca lo que está implícito en el texto de Joel: el don del Espíritu es dado sólo a aquellos que son miembros de la comunidad de salvación. Así las definiciones explícitas de Lucas (Lucas 24:49; Hechos 1:4–8) y su uso de la cita de Joel indican que la "promesa" del Espíritu, al principio cumplida en Pentecostés (Hechos 2:4), capacita a los discípulos para asumir su vocación profética para con el mundo.

Aunque la "promesa" lucana del Espíritu debiera ser interpretada a la luz de la promesa de Joel acerca de la restauración del Espíritu de profecía, Hechos 2:39 realmente incluye un elemento adicional. El pasaje lee:

> Pedro les dijo: Arrepentíos, y bautícese cada uno de vosotros en el nombre de Jesucristo para perdón de los pecados; y recibiréis el don del Espíritu Santo. Porque para vosotros es la promesa, y para vuestros hijos, y para todos los que están lejos; para cuantos el Señor nuestro Dios llamare (Hechos 2:38–39).

En Hechos 2:39, Lucas amplía el alcance de la promesa prevista para incluir la promesa de salvación ofrecida en Joel 2:32 (así como la promesa del Espíritu de profecía en Joel 2:28). Hechos 2:39

hace eco del lenguaje de Joel 2:32; Hechos 2:21: "Todo aquel que invocare el nombre del Señor, será salvo." En Hechos 2:39, Lucas extiende el alcance de "la promesa" para incluir esta dimensión salvífica porque la audiencia incluye ahora a incrédulos.

Aún así, no debemos descuidar el hecho de que "la promesa" de Hechos 2:39 abarca más que la experiencia de la conversión. Consecuente con las otras referencias a "la promesa" (Lucas 24:49; Hechos 1:4; 2:33), el don del Espíritu prometido en Hechos 2:39 se refiere a la promesa de Joel 2:28, y por lo tanto es una promesa de investidura profética concedida al penitente. La promesa de Hechos 2:39, así como la promesa de Jesús en Hechos 1:8, apunta más allá de la restauración de los fieles de Israel: la salvación es ofrecida (Joel 2:32), pero la promesa incluye la renovación de la vocación profética de Israel para ser una luz a las naciones (Joel 2:28; cf. Isaías 49:6 y Hechos 1:8).

Algunos han criticado este enfoque, sugiriendo que debiéramos leer las referencias más tempranas de Lucas a la promesa del Espíritu a la luz de la promesa de salvación que encontramos en Hechos 2:39.[63] Aún así, como hemos visto, Hechos 2:39 no indica que el Espíritu viene como la fuente de existencia del nuevo pacto. Antes bien, esto simplemente nos recuerda que la profecía de Joel 2:28–32 incluye dos elementos: el don del Espíritu de profecía (v. 28) y la oferta de salvación a todos aquellos que invocan el nombre del Señor (v. 32). Hechos 2:39 se refiere a ambos, pero no sugiere que los dos sean idénticos. En efecto, esta clase de ecuación contradice las declaraciones explícitas del Apóstol en Lucas 24:49 y Hechos 1:4–8, su uso y redacción de la cita de Joel en Hechos 2:17–18, y el contexto más amplio de su

---

63   James D. G. Dunn, "Baptism in the Spirit: A Response to Pentecostal Scholarship," [Bautismo en el Espíritu: Una respuesta a la erudición pentecostal]" *Journal of Pentecostal Theology* 3 (1993): 12, 21.

obra de dos volúmenes. En particular, la descripción de Lucas de creyentes bautizados (Hechos 8:16) y discípulos (Hechos 19:2), todos sin el Espíritu, suscita problemas insuperables para esta posición.

Por supuesto es posible sostener que la comprensión de Lucas de la promesa del Espíritu —claramente moldeada por Joel 2:28-32— fue también influenciada por varias otras profecías del Antiguo Testamento en cuanto al papel escatológico del Espíritu, sobre todo Isaías 44:3,5 y Ezequiel 36:26-27. Aún así, este enfoque fracasa en su examen de cómo estos textos del Antiguo Testamento fueron interpretados en el judaísmo que dio ocasión al cristianismo que Lucas conoció. Vemos, por ejemplo, que la transformación del corazón mencionada en Ezequiel 36:26,27 fue vista como un *requisito* previo para la concesión escatológica del Espíritu, y que los rabinos interpretaron Isaías 44:3 como una referencia al derramamiento del Espíritu de profecía sobre Israel. En vez de simplemente imponer nuestro propio criterio y exégesis en el escenario del primer siglo, seguramente es mejor preguntarnos cómo aquellos judíos, más cercanos en tiempo a los primeros cristianos, entendieron los textos relevantes y que significado les atribuyeron.

Esto es en particular importante para este punto, ya que el derramamiento escatológico del Espíritu era generalmente interpretado a la luz de Joel 2:28-29 como una restauración del Espíritu de profecía. Por vía del contraste, Ezequiel 36:26-27 era por lo general interpretado como una profecía acerca del retiro del mal "impulso" en el fin del tiempo, y más frecuentemente sin referirse a la actividad del Espíritu. En realidad, la extirpación del mal "impulso" fue presentada como un requisito para el otorgamiento del Espíritu de profecía al fin del tiempo.[64] Esto significa que se nos invita a que interpretemos la promesa del Espíritu a la luz de muchos textos del Antiguo Testamento que entran en conflicto con la evidencia de fuentes judías tempranas, y la propia mano de Lucas. A diferencia de Pablo y Juan, Lucas no cita ninguno de estos otros textos del Antiguo testamento. Simplemente no hay ninguna evidencia para apoyar la noción de que, al citar a Joel 2:28–32, Lucas quiso que sus lectores pensaran en algún otorgamiento del Espíritu que se esperaba, de naturaleza soteriológica y general.

¿Debería la mención de arrepentimiento, bautismo y recepción del Espíritu en Hechos 2:38 hacer que reconsideremos estas conclusiones? Pienso que no, ya que esto nos dice poco sobre la naturaleza del don del Espíritu. Aunque la mención puede indicar que para Lucas el rito del bautismo en agua está normalmente acompañado por el otorgamiento del Espíritu, el uso de Lucas en otra parte sugiere que aun esta conclusión puede exagerar el caso. Ciertamente no hay nada en el texto que sugiera que el Espíritu es presentado aquí como la fuente de la existencia de un nuevo pacto. Si pudiera ser establecido que el texto presupone un vínculo intrínseco entre el bautismo en agua y el perdón de pecados por una parte, y la recepción del Espíritu por la otra, entonces tendríamos que reconsiderar nuestra posición. Sin embargo, esta conclusión es claramente injustificada. Ya que Lucas en otra parte deja de desarrollar una fuerte relación entre el bautismo en agua y el otorgamiento del Espíritu, y con regularidad separa el rito del don (Lucas 3:21,22; Hechos 8:12–17; 9:17–18; 10:44; y 18:24–25), la oración "y recibiréis el don del Espíritu Santo" en Hechos 2:38

---

64   Para una mayor exposición de estos puntos y los textos judíos relevantes, véase Menzies, *Development*, 52–112, especialmente 104–11.

debería ser interpretada como una promesa de que el Espíritu será "otorgado a aquellos que ya son convertidos y bautizados".[65] En cualquier caso, lo más que se puede derivar del texto es que el arrepentimiento y el bautismo en agua son los requisitos normales para la recepción del Espíritu, que se promete a todo creyente.

Arrepentimiento y el bautismo en agua son los requisitos previos normales para la recepción del Espíritu, que es prometido a todo creyente.

En resumen, creo que es prudente interpretar Hechos 2:38–39 a la luz del testimonio explícito de Lucas concerniente a la promesa del Espíritu registrada en Lucas 24:49, Hechos 1:4, y Hechos 2:17–18, las cuales todas describen el don pneumático como una investidura profética para la tarea misionera. Esta lectura también encaja muy bien con el uso de Lucas en otra parte, sobre todo su descripción (por otra parte problemática) de creyentes bautizados que no han recibido el Espíritu Santo (Hechos 8:4–17; cf. 18:24–19:7). Además, los llamados a que nosotros interpretemos la promesa del Espíritu según el trasfondo de muchos textos del Antiguo Testamento —ninguno de los cuales es mencionado por Lucas o vinculado de la manera sugerida con el texto de Joel por parte de pensadores judíos contemporáneos— deben ser rechazados. Otra vez, la sabiduría dicta que entendamos la promesa del Espíritu en el trasfondo del texto que Lucas realmente cita, Joel 2:28–32, y en la expectativas judías contemporáneas.

---

65   E. Schweizer, "πνεῦμα," en *Theological Dictionary of the New Testament,* [Diccionario teológico del Nuevo Testamento], vol. 6, eds. Gerhard Freidrich y Gerhard Kittel (Grand Rapids: Eerdmans, 1980), 412.

Resumen

He sostenido que Lucas interpreta la actividad del Espíritu de cernido y separación, que Juan predijo (Lucas 3:16-17), como llevada a cabo en la misión de la iglesia investida de poder por el Espíritu. Así, para Lucas, la profecía de Juan se cumple al principio en el otorgamiento del Espíritu en Pentecostés. Es en Pentecostés que los discípulos son bautizados en el Espíritu Santo, y por lo tanto investidos para testificar valientemente de Jesús (Hechos 1:8). En un sentido más amplio, a través de la predicación de los discípulos inspirados por el Espíritu, la nación entera es bautizada en el Espíritu Santo; por lo tanto por medio de la predicación acerca de Jesús el pueblo es tamizado así como el viento tamiza la paja del grano (cf. Lucas 2:34).

También he afirmado que el Espíritu vino sobre Jesús en el Jordán a fin de equiparlo para la tarea mesiánica (Lucas 3:22; 4:18,19). Este es el mensaje que Jesús claramente anuncia en su dramático sermón en Nazaret. Los notables paralelos entre la unción pneumática de Jesús en el Jordán y aquella de los discípulos en Pentecostés, indican que Lucas interpretó este último acontecimiento teniendo en cuenta el primero: Pentecostés fue para los discípulos lo que el Jordán fue para Jesús. El corolario lógico es que en Pentecostés el Espíritu vino sobre los discípulos a investirlos de poder de modo que ellos cumplieran su tarea divinamente señalada.

Finalmente, he afirmado que para Lucas la "promesa" en cuanto al Espíritu (Lucas 24:49; Hechos 1:4; 2:33,38-39) se refiere al don del Espíritu de profecía prometido por Joel. Esta "promesa", inicialmente cumplida en Pentecostés, permite a los discípulos cumplir su vocación profética hacia el mundo (Hechos 1:8). El mensaje se repite para enfatizarlo —aparece al final de su Evangelio (Lucas 24:49) y al comenzar su registro de la misión de la iglesia primitiva (Hechos 1:4) — para asegurar que no lo pasemos por alto.

En efecto, el mensaje que surge de cada uno de estos textos es unificado y claro. Según Lucas, el Espíritu, entendido como la fuente de actividad profética, vino sobre los discípulos en Pentecostés a fin de equiparlos para su vocación profética (es decir, para su papel como "testigos"). Este "bautismo en el Espíritu Santo" no limpia a los discípulos, ni les concede una nueva capacidad de guardar la ley; antes bien, este "bautismo en el Espíritu Santo" los impulsa a seguir adelante a pesar de la oposición y les permite testificar de Cristo con valentía.

3. IMPLICACIONES PARA LA IGLESIA DE HOY

Somos capaces ahora de extraer algunas implicaciones para la iglesia contemporánea que provienen del entendimiento particular de Lucas acerca del bautismo en el Espíritu. Comencemos afirmando lo que los pentecostales y la tradición reformada tienen en común.

Podemos estar de acuerdo todos en que Calvino y otros grandes teólogos reformados han leído bien a Pablo.[66] Calvino correctamente destaca el papel del Espíritu en la regeneración, en hacer los sacramentos eficaces y en la justificación. El Espíritu Santo es el gran "maestro interior" que testifica en nuestros corazones de la verdad del evangelio. De este modo, juntos, afirmamos que cada cristiano recibe el Espíritu vivificante, el cual habita en el creyente. No puede haber un cristiano sin el

---

66   Por supuesto, una excepción sería la perspectiva cesacionista que muchos en la tradición reformada tienden a leer en las epístolas de Pablo.

Espíritu; no hay ninguna existencia cristiana aparte de la obra del Espíritu en nuestra vida. Además, también podemos estar de acuerdo que en 1 Corintios 12:13, Pablo claramente se refiere a esta obra salvífica del Espíritu como un bautismo en el Espíritu Santo.

Sin embargo, los pentecostales plantean otra pregunta importante: ¿Cuál es la contribución de Lucas a esta discusión? O, para ponerlo de otra forma, ¿cuál es la comprensión que Lucas tiene del bautismo en el Espíritu Santo? Los pentecostales creen que hay más que considerar sobre este asunto que lo contenido en las epístolas paulinas. Afirmamos que Lucas tiene una contribución única y especial que hacer para una holística teología bíblica del Espíritu. También creemos que la claridad y el vigor de la contribución de Lucas se pierden cuando su narrativa es leída a través de una perspectiva paulina. Lucas tiene una voz distintiva, y es una voz que la iglesia tiene que oír.

> **No puede haber un cristiano sin el Espíritu; no hay ninguna existencia cristiana aparte de la obra del Espíritu en nuestra vida.**

La comprensión de Lucas acerca del bautismo en el Espíritu Santo, he argumentado, es diferente de la de Pablo. Es misiológica, antes que soteriológico en naturaleza. El Espíritu de Pentecostés es, en realidad, el Espíritu para otros. El Espíritu que impulsa e inviste de poder a la iglesia para llevar las "buenas nuevas" de Jesús a un mundo perdido y agonizante. Es esta perspectiva lucana y misiológica la que moldea la comprensión pentecostal del bautismo en el Espíritu Santo. Por supuesto, los pentecostales reconocen que debemos hacer justicia a la contribución soteriológica de Pablo enfatizando el papel del Espíritu en la conversión, regeneración y santificación. Aún así, los pentecostales se sienten justificados de hablar de un bautismo en el Espíritu que es distinto de la conversión, una unción para el servicio, ya que vemos esto como una reflexión exacta de la terminología y teología de Lucas.

Los pentecostales, entonces, reconocen que el Nuevo Testamento habla de dos bautismos en el Espíritu, uno que es soteriológico e inicia al creyente en el cuerpo de Cristo (1 Co. 12:13) y uno que es misiológico e inviste de poder al creyente para el servicio (Hechos 1:8). Sin embargo, los pentecostales sienten que es en particular adecuado adoptar el lenguaje de Lucas y hablar del don pentecostal como un "bautismo en el Espíritu Santo." Después de todo, este bautismo en el Espíritu Santo es prometido a cada creyente, a todos los siervos de Dios (Hechos 2:18). Además, Lucas usa la frase en tres ocasiones, Pablo sólo una vez. Los pentecostales temen también que si se emplea el lenguaje de Pablo, y el don del Espíritu recibido en la conversión es designado como "el bautismo en el Espíritu Santo", entonces se perderá la comprensión adecuada del don pentecostal.

La tendencia en las iglesias protestantes ha sido leer a Lucas a la luz de Pablo. Pablo orienta sus escritos a la solución de problemas pastorales en la iglesia; Lucas escribe un manifiesto misionero. Quizás esto explica por qué las exposiciones protestantes acerca del Espíritu se han centrado más en su obra en la Palabra y sacramentos, el "testimonio interior" del Espíritu, y menos en su misión para con el mundo. Como hemos notado, los teólogos reformados tienden a asociar el don pentecostal con la conversión y regeneración, que efectivamente embota la agudeza del mensaje de Lucas. Cuando el don pentecostal del Espíritu es entendido en términos soteriológicos, se pierde el enfoque misiológico de Lucas y nuestra expectativa de él. Ya que siempre es posible discutir, como muchos hacen, que mientras que todos experimentan la dimensión soteriológica del don pentecostal en la conversión, sólo unos pocos escogidos reciben dones de poder misiológico. Aun así, Lucas nos invita a recordar que la iglesia (cada miembro, ¡no sólo el clero!), en virtud de su recepción del don pentecostal, es una comunidad profética investida de poder para una labor misionera.

CONCLUSIÓN

Me gustaría concluir presentando un vínculo importante para la comprensión pentecostal del bautismo en el Espíritu dentro de la tradición reformada. Este se halla en los escritos del primer y gran teólogo reformado, Ulrico Zuinglio. En su *Commentary on True and False Religion* [Comentario sobre la religión verdadera y la falsa], Zuinglio se refiere a dos bautismos del Espíritu Santo. Zuinglio escribe:

> El bautismo del Espíritu Santo, entonces, es doble. En primer lugar, hay un bautismo por el cual todos quiénes confían en Cristo son inundados por dentro.... en segundo lugar, hay un bautismo externo del Espíritu Santo, tal como hay un bautismo en agua. Empapado con este, hombres piadosos comenzaron inmediatamente a hablar en lenguas extranjeras [Hechos 2:4–11].... Este último bautismo del Espíritu Santo no es necesario, pero el antiguo es tan necesario que nadie puede ser salvo sin él.... Ahora no todos estamos dotados de la señal de lenguas, pero todos

nosotros que somos piadosos hemos sido hechos fieles por la iluminación y persuasión del Espíritu Santo.[67]

Zuinglio no explicó con más detalle su comprensión de dos bautismos del Espíritu, pero su perspectiva sobre Pentecostés parece ser bien similar a lo que he delineado ya.

La tradición reformada ha hecho grandes contribuciones al movimiento pentecostal moderno. Una de las principales es su llamado de reconocer la naturaleza progresiva de la obra de santificación del Espíritu en la vida del creyente. Los teólogos reformados han animado correctamente a los pentecostales a reconocer que el poder y la pureza no van necesariamente unidos. La recepción de poder pentecostal no es ninguna garantía de madurez espiritual. Lamentablemente, los pentecostales a menudo hemos sido lentos para reconocer esta verdad. No obstante, esta herencia importante de la tradición reformada está allí. Quizás al motivar a los eruditos reformados a dar una mirada fresca a los escritos de Lucas y de Zuinglio, el movimiento pentecostal pueda pagar algo de su gran deuda.

---

67   Ulrich Zwingli, *Commentary on True and False Religion* [Comentario acerca de la religión verdadera y falsa], eds. S. M. Jackson and C. N. Heller (Durham, NC: The Labyrinth Press, 1981), 187–88.

CAPÍTULO TRES

EL PAPEL DE LAS LENGUAS EN LUCAS-HECHOS

Hemos mencionado que los pentecostales tienen una hermenéutica distintiva, un modo particular de leer la Biblia. Los pentecostales siempre hemos leído la narrativa de Hechos, y en particular el relato del derramamiento pentecostal del Espíritu Santo (Hechos 2), como un modelo para nuestra vida. Las historias de Hechos son nuestras historias y las leemos con un sentido de entusiasta expectativa.

Estoy convencido de que esta hermenéutica sencilla, este acercamiento directo a la lectura de Hechos como un modelo para la iglesia hoy, es uno de los motivos clave del porqué el énfasis en hablar en lenguas cumplió un papel tan importante en la formación del movimiento pentecostal moderno. Ciertamente la relación entre hablar en lenguas y bautismo en el Espíritu Santo ha marcado el movimiento pentecostal moderno desde su inicio, y sin este vínculo es dudoso que el movimiento hubiera surgido, ni menos hubiera sobrevivido.[68] La glosolalia ha sido, por muchos motivos, de crucial importancia para los pentecostales en todo el mundo, no obstante yo sugeriría que dos de ellos tienen una importancia particular.[69]

> **Para los pentecostales... el hablar en lenguas sirve como una señal de que el llamado y el poder de la iglesia apostólica son válidos para los creyentes contemporáneos.**

Primero, el hablar en lenguas recalca, encarna y valida el singular modo en que los pentecostales leen el libro de Hechos: Hechos no es simplemente un documento histórico; antes bien, presenta un modelo para la vida de la iglesia contemporánea. Por lo tanto, las lenguas sirven como una señal de que "su experiencia" es "nuestra experiencia" y que todos los dones del Espíritu (incluyendo los "dones de señal") son válidos para la iglesia hoy. En segundo lugar, el hablar en lenguas llama a la iglesia a reconocer y recordar su verdadera identidad: la iglesia es nada menos que una comunidad de profetas del fin del tiempo, llamados e investidos de poder para testificar valientemente acerca de Jesús. En resumen el enfoque pentecostal al hablar en lenguas simboliza aspectos significativos del movimiento: su hermenéutica (Hechos y la iglesia apostólica

---

68   Synan, "The Role of Tongues," 67–82.

69   La noción de que la doctrina de la evidencia inicial sólo es importante para los pentecostales norteamericanos es espuria. Este capítulo es una versión corregida de una monografía que presenté en el idioma mandarín a un grupo de ministros de Las Asambleas de Dios en Taiwán. Ellos me pidieron que presentara una monografía acerca de la evidencia inicial, y éste es el resultado. Yo podría dar muchas otras ilustraciones de un gran interés y compromiso con el hablar en lenguas y la doctrina de la "evidencia inicial" en Las Filipinas, Singapur, Malasia y China.

representan un modelo para la iglesia hoy) y su centro teológico (la naturaleza profética y la naturaleza misionera del don pentecostal). Para los pentecostales, entonces, el hablar en lenguas sirve como una señal de que el llamado y el poder de la iglesia apostólica son válidos para los creyentes contemporáneos.

En este capítulo me gustaría explorar, desde la perspectiva de Lucas, el papel del hablar en lenguas en la vida de la iglesia y el creyente como individuo. Destacaré primero la importancia de comenzar nuestra pregunta con el certero modo de pensar, describiendo las precomprensiones en cuanto a las lenguas que deberían informar nuestro estudio. Intentaré entonces elucidar la perspectiva de Lucas acerca del hablar en lenguas, en particular su actitud hacia el papel del hablar en lenguas en su iglesia. Después de esto, procuraré describir la comprensión de Lucas acerca del papel del hablar en lenguas en la vida individual del creyente. Finalmente, resumiré mis conclusiones y su importancia para los cristianos contemporáneos.

1. SUPUESTOS IMPORTANTES: ¿LENGUAS O IDIOMAS?

Muchos cristianos que procuran examinar la enseñanza bíblica en lenguas comienzan con supuestos defectuosos. El principal entre éstos sería la noción de que la glosolalia era inexistente en la iglesia primitiva o, a lo más, que fue experimentada muy raramente por unos pocos. La enseñanza, frecuente en algunos círculos, de que las referencias "al hablar en lenguas" en el Nuevo Testamento típicamente denotan la capacidad sobrenatural de predicar en un idioma extranjero previamente desconocido para el orador (xenolalia), ha arrojado una gran sombra. Además, a menudo dan la impresión de que los autores del Nuevo Testamento rara vez hablan de esta extraña práctica y que, cuando lo hacen, es con gran vacilación, y en gran parte son negativos y condescendientes en sus comentarios. Sin embargo, un repaso de la evidencia bíblica, como veremos, sugiere que estos supuestos tienen fallas y tienen que ser reconsiderados.

En realidad, el fenómeno de hablar en lenguas se describe en numerosos pasajes del Nuevo Testamento.[70] En 1 Corintios 12-14 Pablo se refiere al don de lenguas (γλώσσαις)[71] y usa la frase λαλέω γλώσσαις para designar declaraciones ininteligibles inspiradas por el Espíritu.[72] El hecho que este don de lenguas se refiere a declaraciones ininteligibles (p.ej., la glosolalia experimentada en las iglesias pentecostales contemporáneas), antes que a lenguas humanas conocidas, es confirmado por el hecho que Pablo explícitamente declara que estas lenguas deben ser interpretadas si ellas van ser entendidas (1 Co. 14:6-19,28; cf. 12:10,30).

En Hechos 10:46 y 19:6 Lucas también usa la frase λαλέω γλώσσαις para designar declaraciones inspiradas por el Espíritu. En Hechos 10:46 Pedro y sus acompañantes oyeron a Cornelio y los congregados en su casa que "hablaban en lenguas, y que magnificaban a Dios." Hechos 19:6 declara que los discípulos efesios "hablaban en lenguas, y profetizaban." Los paralelos literarios entre las descripciones de hablar en lenguas en estos pasajes y 1 Corintios 12-14 son impresionantes. Todos estos textos: (1) asocian el hablar en lenguas con la inspiración del Espíritu Santo; (2) utilizan un vocabulario similar (λαλέω

---

70   Véase 1 Co. 12-14; Hechos 2:4; 10:46; 19:6; nótese también Marcos 16:17 y Romanos 8:26,27.

71   1 Co. 12:10; 12:28; 13:8; 14:22,26.

72   1 Co. 12:30; 13:1; 14:2,4,6,13,18,23,27,39.

γλώσσαις); y (3) describen un habla inspirada asociada con adoración y declaraciones proféticas. Adicionalmente, ya que 1 Corintios 12–14 claramente habla de declaraciones ininteligibles, y no hay indicación en ninguno de los pasajes de Hechos de que se esté hablando idiomas conocidos, no hay necesidad aparente de un milagro de xenolalia en ninguno de los casos (¿qué idioma extranjero habrían ellos hablado?). La mayoría de las traducciones al español traducen la expresión λαλέω γλώσσαις en estos textos en relación con el hablar en lenguas.

Las referencias a γλώσσαις en Hechos 2:1–13, sin embargo, suscitan preguntas interesantes para aquellos que buscan entender este pasaje. La primera aparición de γλώσσαις está en Hechos 2:3, donde se refiere a las visibles "lenguas de fuego" que aparecen y luego se posan sobre cada uno de los discípulos presentes. Luego, en Hechos 2:4 leemos que aquellos presentes fueron todos llenos del Espíritu Santo y "comenzaron a hablar en otras lenguas (λαλεῖν ἑτέραις γλώσσαις) según el Espíritu les daba que hablasen." Este fenómeno crea la confusión entre los judíos de la muchedumbre que, se nos dice, representaban "todas las naciones bajo el cielo" (Hechos 2:5). La muchedumbre se juntó asombrada "porque cada uno les oía hablar en su propia lengua" (διαλέκτῳ; Hechos 2:6). Estos detalles son reiterados cuando Lucas relata la reacción del grupo sorprendido: "Mirad, ¿no son galileos todos estos que hablan? ¿Cómo, pues, les oímos nosotros hablar cada uno en nuestra lengua en la que hemos nacido (διαλέκτῳ; Hechos

> **Los discípulos son capacitados por el Espíritu para declarar "las maravillas de Dios" en idiomas humanos que ellos no habían aprendido antes.**

2:7–8)?" Después la muchedumbre menciona con asombro las diversas naciones representadas por aquellos presentes, ellos afirman: "Les oímos hablar en nuestras lenguas las maravillas de Dios (γλώσσαις ; Hechos 2:11)".

Ya que Hechos 2:11 claramente relaciona γλώσσαις con varios idiomas humanos de aquellos presentes en la muchedumbre, la mayoría de los eruditos interpretan las "lenguas" (γλώσσαις) de Hechos 2:4 y 2:11 como refiriéndose a un discurso inteligible. Los discípulos son capacitados por el Espíritu para declarar "las maravillas de Dios" en idiomas humanos que ellos no habían aprendido antes. Esta lectura del texto ha animado a algunas versiones tal como la *Nueva Traducción Viviente* a traducir γλώσσαις en Hechos 2:4 y 2:11 con el término "idioma".

Sin embargo, hay que notar que este texto ha sido interpretado de diversas maneras. Algunos eruditos, aunque una minoría, han sostenido que las "lenguas" (γλώσσαις) de Hechos 2:4 se refieren a declaraciones ininteligibles inspiradas por el Espíritu.[73] Según esta lectura, el milagro que ocurre en el Pentecostés es doble: en primer lugar, los discípulos son inspirados por el Espíritu Santo a declarar "las maravillas de Dios" en una lengua espiritual que es ininteligible para los seres humanos (es decir, glosolalia); en segundo lugar, a los judíos en la muchedumbre que representan un grupo diverso de países se les permite milagrosamente entender la glosolalia de los discípulos, de modo que les parece que los discípulos hablan en cada uno de sus propios idiomas natales. Aunque esta posición pueda parecer

---

73   Véase Everts, "Tongues or Languages? Contextual Consistency in the Translation of Acts 2 [¿Lenguas o idiomas?, Consistencia contextual en la traducción de Hechos 2]", *Journal of Pentecostal Theology* 4 (1994), 74, n. 9 y las obras que él cita, siendo la más reciente J. L. Sherrill, *They Speak with Other Tongues* [Hablan en otras lenguas] (New York: McGraw-Hill, 1964), 105–106.

a primera vista un argumento especioso, como Jenny Everts indica, hay de hecho varios motivos para tomarlo con seriedad.[74]

En primer lugar, hay que notar que Lucas usa dos términos diferentes, ambos de los cuales pueden referirse a idioma, en Hechos 2:1–13: γλώσσαις (Hechos 2:4, 11) y διάλεκτος (Hechos 2:6, 8). El término διάλεκτος claramente se refiere al discurso inteligible en Hechos 2:6, 8 y puede estar bien que Lucas contrasta conscientemente este término "con la expresión más obscura de ἑτέραις γλώσσαις" en Hechos 2:4.[75] Dado el uso del término, γλώσσαις, en otras partes en el Nuevo Testamento, en particular cuando este tiene que ver con la venida del Espíritu Santo, esta suposición es completamente plausible. Lucas seguramente no tenía otras opciones delante de él: podría haberse referido a idiomas de otras maneras, como indica el uso de διάλεκτος en Hechos 2:6–8. Sin embargo, en Hechos 2:4 él decide usar el término γλώσσαις, que reaparece en contextos similares en Hechos 10:46 y 19:6.

En segundo lugar, puede bien ser que la frase τῇ ἰδίᾳ διαλέκτῳ ("en su propia lengua") modifica los verbos de audiencia en Hechos 2:6 y en Hechos 2:8. Esto es seguramente el caso en Hechos 2:8: ¿Cómo, pues, les oímos nosotros hablar cada uno en nuestra lengua en la que hemos nacido?" Everts nota que si leemos Hechos 2:6 de un modo similar, "estos dos versos implicarían que cada individuo oyó al grupo entero de discípulos que hablaban en la lengua natal del individuo".[76] Todo esto indica que Lucas puede no estar usando γλώσσαις (Hechos 2:4–11) y διάλεκτος (Hechos 2:6,8) simplemente como sinónimos.

---

74   Everts, "Tongues," 74–75. Me apoyo mayormente en Everts para los puntos que siguen.

75   Ibid, 75.

76   Ibid.

En tercer lugar, la objeción principal para esta interpretación es que Hechos 2:11 está usado γλώσσαις como un sinónimo para διάλεκτος: "les oímos hablar en nuestras lenguas (γλῶσσαις) las maravillas de Dios". Sin embargo, hay que notar que en Hechos 2:1–13 Lucas puede jugar intencionadamente con los sentidos múltiples de γλῶσσα (lengua). En Hechos 2:3 el término se refiere a la forma de una lengua ("lenguas del fuego"). En Hechos 2:11 se refiere al idioma natal de una persona o lengua materna. Considerando el uso del término en otra parte en el Nuevo Testamento, ¿es o no probable que Lucas quiso que sus lectores entendieran su uso del término en Hechos 2:4 como una referencia al habla ininteligible inspirada por el Espíritu Santo (glosolalia)?

En cuarto lugar, esta lectura del texto ofrece una razón coherente de la reacción de las personas presentes que pensaron que los discípulos estaban embriagados. Aunque es difícil imaginar a la muchedumbre reaccionando de esta forma si los discípulos hubieran hablado simplemente en idiomas extranjeros, la reacción de la muchedumbre es completamente comprensible si los discípulos hablaban en lenguas (glosolalia).

En resumen la evidencia sugiere que las referencias de Lucas al hablar en lenguas (λαλέω γλώσσαις) en Hechos 10:46, 19:6, y bien posiblemente (pero menos seguro) 2:4, designen declaraciones ininteligibles inspiradas por el Espíritu, antes que hablar en idiomas humanos no aprendidos previamente. El punto crucial que se debe notar aquí es que en Hechos 2:4 γλώσσαις puede significar algo completamente diferente de lo que sugiere la traducción, "lenguas". La traducción "lenguas", por otra parte, con su variedad más amplia del sentido, no sólo captura bien los matices de ambas interpretaciones posibles mencionadas más arriba, esta también retiene la conexión verbal que Lucas se propuso entre Hechos 2:4, Hechos 10:46, y Hechos 19:6. La conclusión de Everts es por lo tanto convincente: "Hay realmente poco que cuestionar de que en Hechos 2:4 'hablar en otras lenguas' es una traducción más responsable de λαλεῖν ἑτέραις γλώσσαις que 'hablar en otros idiomas'".[77]

2. LUCAS-HECHOS Y EL PAPEL DE LAS LENGUAS EN LA IGLESIA

La importancia de retener las conexiones verbales entre γλώσσαις (lenguas) de Hechos 2:4, Hechos 10:46, y Hechos 19:6 no debería pasarse por alto. Esto se hace aparente cuando examinamos la comprensión de Lucas acerca del papel del hablar en lenguas en la vida de la iglesia.

2.1 Lenguas como un tipo de profecía

Una lectura cuidadosa de la narrativa de Lucas revela que él considera el hablar en lenguas como un tipo especial de expresión profética. El hablar en lenguas guarda relación con la profecía en cada uno de los tres pasajes en Hechos que describen este fenómeno. En Hechos 2:17–18 (cf. Hechos 2:4), hablar en lenguas es expresamente descrito como un cumplimiento de la profecía de Joel de que en los postreros días todo el pueblo de Dios profetizaría. Los sonidos extraños del habla de las lenguas de los discípulos, Pedro declara, no son balbuceos de borrachos; sino antes bien, ellos representan declaraciones proféticas proclamadas por los mensajeros de Dios en el fin del tiempo (Hechos 2:13,15,17). En Hechos 19:6 la conexión entre la

---

77   Ibid.

Una lectura cuidadosa de la narrativa de Lucas revela que él considera el hablar en lenguas como un tipo especial de habla profética.

profecía y el hablar en lenguas es otra vez explícitamente declarado. Cuando Pablo impone las manos a los discípulos efesios, "vino sobre ellos el Espíritu Santo; y hablaban en lenguas, y profetizaban." Finalmente, la asociación es hecha otra vez en Hechos 10:42–48. En medio del sermón de Pedro a Cornelio y su casa, "el Espíritu Santo cayó sobre todos los que oían el discurso" (Hechos 10:44). Los acompañantes de Pedro "se quedaron atónitos de que también sobre los gentiles se derramase el don del Espíritu Santo. Porque los oían que hablaban en lenguas, y que magnificaban a Dios" (Hechos 10:45–46). Es instructivo notar que el Espíritu Santo interrumpe a Pedro cuando él ha declarado, "Y [Jesús] nos mandó que predicásemos al pueblo, y testificásemos que él es el que Dios ha puesto por Juez de vivos y muertos. *De éste dan testimonio todos los profetas*, que todos los que en él creyeren, recibirán perdón de pecados por su nombre." (Hechos 10:42–43, énfasis añadido). En vista del énfasis de Lucas en la inspiración profética en todas partes de su obra de dos volúmenes y, más expresamente, su descripción del hablar en lenguas como el discurso profético en Hechos 2:17,18, puede ser apenas coincidente que el Espíritu Santo fuerza la entrada e inspira glosolalia exactamente en este punto en el sermón de Pedro. En efecto, mientras el contexto lo deja claro, los acompañantes de Pedro son sorprendidos de lo que resulta porque testifica del hecho que Dios ha aceptado a gentiles no circuncidados. Otra vez, la conexión entre el hablar en lenguas y la profecía es crucial para la narrativa de Lucas. En Hechos 2:17–18 se nos informa que la recepción del Espíritu de profecía (es decir, el don pentecostal) es el privilegio exclusivo de "los siervos" de Dios y que esto típicamente causa el discurso milagroso y audible.[78] El hablar en lenguas es presentado como una manifestación de esta habla milagrosa e inspirada por el Espíritu (Hechos 2:4, 17–18). De este modo, cuando Cornelio y su casa irrumpieron en lenguas, este acto proporciona una prueba demostrativa de que ellos son de hecho parte del grupo profético del fin del tiempo que Joel predijo. Ellos también están relacionados con los profetas que "testificaron" sobre Jesús (Hechos 10:43). Esto sorprende a los acompañantes de Pedro, porque ellos reconocen las claras implicaciones que fluyen de este acontecimiento dramático: ya que Cornelio y su casa son profetas, ellos también deben ser "siervos" del Señor (es decir miembros del pueblo de Dios). ¿Cómo, entonces, pueden Pedro y los demás impedir el bautismo de ellos (Hechos 10:47–48)?

La importancia de esta conexión en la narrativa es destacada más adelante en Hechos 11:15–18. Aquí, conforme Pedro relata los acontecimientos asociados con la conversión de Cornelio y su casa, él subraya que cuando comenzó a hablar, "cayó el Espíritu Santo sobre ellos también, como sobre nosotros al principio" (Hechos 11:15) y luego declara: "Dios, pues, les concedió también el mismo don que a nosotros" (Hechos 11:17). El hecho que discípulos judíos en Pentecostés y creyentes gentiles en Cesarea hablaron en lenguas no es secundario para los propósitos de Lucas; antes bien, esto representa un tema significativo en su historia del movimiento del evangelio desde los judíos en Jerusalén hacia los gentiles en Roma y más allá.

---

78   De los ocho casos donde Lucas describe la recepción inicial del Espíritu por una persona o grupo, cinco expresamente aluden a alguna forma de habla inspirada como un resultado inmediato (Lucas 1:41; 1:67; Hechos 2:4; 10:46; 19:6), y uno supone el acontecimiento de tal actividad (Hechos 8:15,18). En los otros dos casos, aunque el habla inspirada esté ausente del relato de Lucas (Lucas 3:22; Hechos 9:17), es un rasgo prominente en las perícopas que siguen (Lucas 4:14, 18f; Hechos 9:20).

2.2 La historia de la salvación y de las lenguas en Lucas-Hechos

Algunos podrían ser tentados a sugerir en este punto que el papel especial que el hablar en lenguas cumple como una señal en Hechos 2 y Hechos 10 indica que, en la perspectiva de Lucas, este fenómeno estuvo limitado a estos acontecimientos históricamente significativos en los primeros días de la fundación de la iglesia. Esto, sin embargo, sería una mala lectura de la narrativa de Lucas. El Apóstol declara el punto con la claridad particular en Hechos 2:17–21:

> [v. 17] *Y en los postreros días, dice Dios,* [Joel: "Y después de esto"]
> Derramaré de mi Espíritu sobre toda carne,
> Y vuestros hijos y vuestras hijas profetizarán;
> *Vuestros jóvenes verán visiones,* [Joel: estas líneas están invertidas]
> *Y vuestros ancianos soñarán sueños;*
> [v. 18] *Y de cierto* sobre *mis* siervos y sobre mis siervas en aquellos días [adiciones a Joel]
> Derramaré de mi Espíritu,
> *y profetizarán.*
> [v. 19] Y daré prodigios *arriba* en el cielo,
> Y *señales abajo* en la tierra,
> Sangre y fuego y vapor de humo;
> [v. 20] El sol se convertirá en tinieblas,
> y la luna a la sangre
> antes que venga el día del Señor, grande y manifiesto;
> [v. 21] Y todo aquel que invocare el nombre del Señor, será salvo.

(Hechos 2:17–21; modificaciones de Joel 2:28–32 en cursivas).

Deberíamos recordar que aquí Lucas modifica cuidadosamente esta cita de la Septuaginta a fin de destacar importantes temas y verdades teológicos. Tres modificaciones destacan en particular.

En primer lugar, en v. 17, Lucas cambia el orden de las dos líneas que se refieren a jóvenes que tienen visiones y ancianos que sueñan sueños. En Joel, los ancianos que sueñan sueños viene primero. Pero Lucas invierte el orden: "Vuestros jóvenes verán visiones, y vuestros ancianos soñarán sueños" (Hechos 2:17). Lucas da prominencia a la referencia a las "visiones" a fin de destacar un tema que él ve como sumamente importante, y esto se repite a lo largo de su narrativa. Aunque las palabras asociadas con " sueños" sean raras en Lucas-Hechos,[79] Lucas se complace en relatar historias en las cuales Dios dirige a su iglesia a través de visiones.[80] Las visiones de Pablo y Ananías (Hechos 9:10–11), de Pedro y Cornelio (Hechos 10:3–17), la visión del varón macedonio de Pablo (Hechos 16:9–10), y su visión en Corinto (Hechos 18:9–10) son sólo unas cuantas. Esto no significa que Lucas sienta obsesión por las visiones; antes bien, él procura animar a sus lectores a entender una verdad importante: Dios se complace en conducir a sus profetas del fin del tiempo, de modos

---

79   El término traducido "soñarán" es el futuro pasivo de ἐνυπνιάζω. Este verbo aparece sólo en Hechos 2:17 y en Judas 8 en todo el Nuevo Testamento. El sustantivo, ἐνυπνίον ("sueño"), no aparece en ninguna otra parte fuera de Hechos en el resto del Nuevo Testamento.

80   El sustantivo traducido "visiones" en v. 17, ὅρασις, aparece cuatro veces en el Nuevo Testamento y sólo en el libro de Hechos. Todas las otras ocasiones en que se usa se hallan en Apocalipsis. Sin embargo, Lucas usa otro término, una palabra de raíz semejante a ὅρασις, el sustantivo neutro ὅραμα, con frecuencia y en situaciones decisivas en su narración se refiere a "visiones." El sustantivo ὅραμα aparece doce veces en el Nuevo Testamento y once de estas se hallan en el libro de Hechos (Hechos 7:31; 9:10,12; 10:3,17,19; 11:5; 12:9; 16:9,10; 18:9; y también en Mt. 17:9).

muy personales y especiales, incluyendo visiones, visitaciones angelicales, y la dirección del Espíritu, de modo que podamos cumplir nuestra vocación de llevar el evangelio "hasta lo último de la tierra".

> **Dios se deleita en conducir a sus profetas del fin del tiempo, de modos muy personales y especiales, incluyendo visiones, visitaciones angelicales, y la dirección del Espíritu, de modo que podamos cumplir nuestra vocación de llevar el evangelio "hasta lo último de la tierra".**

En segundo lugar, Lucas inserta la frase "y profetizarán" en la cita de v. 18. ¡Es como si Lucas dijera: "Lo que sea que usted haga, ¡no se pierda esto!" En los postreros días los siervos de Dios serán ungidos por el Espíritu para proclamar sus buenas nuevas y declarar sus alabanzas. ¡Ellos profetizarán! Esto es lo que ocurre *ahora*. El hablar en lenguas que usted oye, declara Pedro, es un cumplimiento de la profecía de Joel. Esta forma especial del discurso profético inspirado por el Espíritu sirve como una señal única de que "los postreros días" han llegado (cf. Hechos 2:33–36; 10:45–46). Por supuesto, este tema del testimonio inspirado por el Espíritu aparece a través de la narrativa de Hechos.[81]

En tercer lugar, como hemos notado antes, con la adición de unas pocas palabras en v. 19, Lucas transforma el texto de Joel para leer: "Y daré *prodigios arriba* en el cielo, y *señales abajo* en la tierra." El significado de estas inserciones, que sitúan los "prodigios" y "señales", se hace aparente cuando vemos el

---

81   Véase especialmente Hechos 4:13,31; 5:32; 6:10; 9:31; 13:9,52.

contexto más amplio de Hechos. El primer versículo que sigue a la cita de Joel declara, "Jesús nazareno, varón aprobado por Dios entre vosotros con las maravillas, *prodigios y señales* que Dios hizo entre vosotros por medio de él" (Hechos 2:22). Y en todas partes del libro de Hechos leemos de los seguidores de Jesús que obran "prodigios y señales." De esta manera, Lucas une los acontecimientos milagrosos asociados con Jesús (Hechos 2:22) y sus discípulos (p.ej., Hechos 2:43) con los portentos cósmicos que menciona Joel (véase Hechos 2:19b–20) como "prodigios y señales" que marcan la era del cumplimiento de "los postreros días." Para Lucas, "los postreros anteriores" —aquel período inaugurado con el nacimiento de Jesús y que dura hasta el Día del Señor— representa una época marcada por "prodigios y señales". Según Lucas, entonces, visiones, profecía, y milagros, todos éstos deberían caracterizar la vida de la iglesia en los postreros días. En Hechos 2:17–21 se indica que Lucas está consciente del papel significativo que estos fenómenos han cumplido en el crecimiento de la iglesia primitiva, y él espera que estas actividades sigan caracterizando el ministerio de la iglesia en estos "postreros días".

Esta conclusión, por supuesto, tiene que ver directamente con lo que estamos considerando, en cuanto a cómo deberíamos ver el hablar en lenguas hoy. Como una manifestación de profecía, Lucas sugiere que las lenguas tienen un propósito en la vida de la iglesia. Recuerde, una característica de "los postreros días" (aquel período de cumplimiento inaugurado con el nacimiento de Jesús y que termina con su Segunda Venida) es que todo el pueblo de Dios profetizará (Hechos 2:17–18). El hecho que Lucas relata varios acontecimientos del cumplimiento de esta profecía que incluyen el hablar en lenguas, anima al lector a entender que —como los "prodigios y señales" y el testimonio valiente inspirado por el Espíritu de Jesús— el hablar en lenguas caracterizará la vida de la iglesia en estos postreros días. Sugerir otra cosa va en contra del mensaje explícitamente indicado de Lucas, sin contar el de Pablo (1 Co. 14:39).

2.3 Jesús nuestro modelo

Lucas no sólo ve el hablar en lenguas como un tipo especial de habla profética que tiene un papel presente en la vida de la iglesia, también hay indicaciones de que él ve esta forma de habla, exuberante e inspirada, modelada en la vida de Jesús. Aparte de los paralelos generales entre Jesús y sus discípulos en cuanto al habla profética inspirada por el Espíritu (p.ej., Lucas 4:18,19; Hechos 2:17–18), hay un paralelo más específico que se halla en Lucas 10:21, un texto que sólo Lucas registra: "En aquella misma hora Jesús se regocijó en el Espíritu, y dijo: Yo te alabo, oh Padre, Señor del cielo y de la tierra".

Lucas proporciona un contexto interesante a este gozoso arrebato de acción de gracias por parte de Jesús. Esto ocurre en respuesta al regreso de los Setenta de su misión. Como hemos mencionado ya, el envío de los Setenta (Lucas 10:1–17) refleja la unción profética de los setenta ancianos en Números 11.[82] Algunos eruditos, como Gordon Wenham, describen la acción de profetizar

---

82   Véase también Robert P. Menzies, "The Sending of the Seventy and Luke's Purpose [El envío de los Setenta y el propósito de Lucas]" en *Trajectories in the Book of Acts: Essays in Honor of John Wesley Wyckoff* [Trayectorias en el libro de Hechos: Ensayos en honor de John Wesley Wyckoff], Paul Alexander, Jordan D. May, y Robert Reid, eds. (Eugene, OR: Wipf & Stock, 2009), 87–113.

relatada en Números 11:24–30 como un caso de "habla extática ininteligible, que el Nuevo Testamento llama hablar en lenguas".[83]

Al culminar este relato, Lucas describe la exultación inspirada de Jesús. En particular, es importante para nuestra discusión la manera en que Lucas introduce las palabras de alabanza de Jesús: "Jesús se regocijó en el Espíritu, y dijo" (ἠγαλλιάσατο ἐν τῷ πνεύματι τῷ ἁγίῳ καὶ εἶπεν; Lucas 10:21).[84] El verbo, ἀγαλλιάω (alegrarse), empleado aquí por Lucas, se usa con frecuencia en la Septuaginta. Por lo general lo encontramos en los Salmos y las partes poéticas de los Profetas, y esto denota la exultación espiritual que resulta en alabanza a Dios por sus obras poderosas.[85] El sujeto del verbo no es simplemente conducido a un estado de éxtasis sagrado; él también "declara las obras de Dios".[86] En el Nuevo Testamento el verbo se usa de una manera similar. El vínculo entre ἀγαλλιάω y la declaración de las obras poderosas de Dios es sobresaliente

> **Lucas presenta el ministerio profético inspirado por el Espíritu de Jesús, incluyendo su proclamación valiente y alabanza jubilosa, como un modelo para sus lectores.**

---

83   Gordon Wenham, *Numbers: An Introduction and Commentary* [Números: Una introducción y comentario] (Downers Grove: InterVarsity Press, 1981), 109. Le debo a mi buen amigo, Grant Hochman, el señalarme esta referencia.

84   Se usa la versión Reina Valera 1960 para la traducción al español.

85   R. Bultmann, "ἀγαλλιάομαι," *Theological Dictionary of the New Testament,* [Diccionario teológico del Antiguo Testamento], Gerhard Freidrich y Gerhard Kittel, eds. (Grand Rapids: Eerdmans, 1980), vol. 1, 19; W. G. Morrice, *Joy in the New Testament* [Gozo en el Nuevo Testamento] (Exeter: Paternoster Press, 1984), 20.

86   R. Bultmann, "ἀγαλλιάομαι," 20.

particularmente en Lucas-Hechos.[87] El verbo describe la gozosa alabanza de María (Lucas 1:47), Jesús (Lucas 10:21), y David (Hechos 2:26) en respuesta a la actividad salvífica de Dios en Jesús. En Lucas 1:47 y 10:21 el verbo es expresamente vinculado a la inspiración del Espíritu Santo, y en Hechos 2:25–30 David es descrito como un profeta. Este verbo, entonces, era para Lucas una manera particularmente apropiada de describir la actividad profética.

La referencia en Hechos 2:26 es especialmente interesante; ya que aquí, el verbo ἀγαλλιάω está asociado con la palabra γλῶσσα (lengua). En una cita de Salmo 16:9 (Sal. 15:9, Septuaginta), Pedro cita a David diciendo que, " Por lo cual mi corazón se alegró, y se gozó mi lengua (καὶ ἠγαλλιάσατο ἡ γλῶσσά μου)". Esta asociación de ἀγαλλιάω con γλῶσσα no debería sorprendernos, ya que cinco de las ocho referencias a γλῶσσα en Lucas-Hechos describen experiencias de exultación espiritual que causan alabanza.[88] Todo esto indica que, para Lucas, ἀγαλλιάω y γλῶσσα cuando se asocian con la inspiración del Espíritu Santo, son términos que describen casos especiales de inspiración profética, casos en los cuales una persona o el grupo experimentan exultación espiritual y, por consiguiente, resulta en alabanza.

Concluimos que Lucas 10:21 describe la oración de Jesús de acción de gracias en términos que evocan el hablar en lenguas: inspirado por el Espíritu, Jesús exulta en alabanza exuberante y gozosa. Aunque no es claro que los lectores de Lucas hubieran entendido que este éxtasis de alabanza inspirada incluyó

---

87   El vínculo es explícito en tres de las cuatro veces que se usa el verbo (Lucas 1:47; 10:21; Hechos 2:26). La única excepción es Hechos 16:34.

88   Estas cinco incluyen: Lucas 1:64; Hechos 2:4,26; 10:46; 19:6. Las otras tres referencias a γλῶσσα se hallan en Lucas 16:24 y Hechos 2:3,11.

declaraciones ininteligibles (es decir, glosolalia), el registro sí describe una experiencia relativamente similar de éxtasis espiritual que produce la alabanza gozosa. Lo que está muy claro es que Lucas presenta el ministerio profético inspirado por el Espíritu de Jesús, incluyendo su proclamación valiente y alabanza jubilosa, como un modelo para sus lectores,[89] que viven en estos "postreros días".

Podemos resumir nuestro argumento a este punto como sigue:

1. La glosolalia era bien conocida y ampliamente practicada en la iglesia primitiva. Las referencias de Lucas del hablar en lenguas (λαλέω γλώσσαις) en Hechos 10:46, 19:6, y muy posiblemente (pero menos seguro) 2:4, designan declaraciones ininteligibles inspiradas por el Espíritu, antes que hablar idiomas humanos no aprendidos previamente. Sin embargo, interpretamos que en este último texto (Hechos 2:4), la importancia de las conexiones verbales entre λαλέω γλώσσαις (hablar en lenguas) de Hechos 2:4, Hechos 10:46, y Hechos 19:6 no deberían ser pasadas por alto.

2. La narrativa de Lucas revela que él considera el hablar en lenguas como un tipo especial de habla profética. El hablar en lenguas está asociado con la profecía en cada uno de los tres pasajes que

---

89   El énfasis de Lucas en la oración, y particularmente las oraciones y vida de oración de Jesús, es reconocido extensamente por eruditos contemporáneos. Lucas también relaciona la oración con el Espíritu Santo de una manera única (p.ej. Lucas 3:21,22; 11:13; Hechos 4:31).

describen este fenómeno en Hechos (Hechos 2:4; 10:46; 19:6).

3. Como una manifestación especial de la profecía, Lucas indica que la glosolalia tiene un papel presente que cumplir en la vida de la iglesia. Esto es evidente por la modificación de Lucas de la profecía de Joel en Hechos 2:17-21. Aquí, vemos que las lenguas sirven como una señal de la llegada de los postreros días (Hechos 2:17-21) y también de la resurrección y señorío de Jesús (Hechos 2:33-36). Debiera considerarse que las lenguas, continúan sirviendo como una señal demostrable de la recepción del don profético a través de la narrativa de Lucas (Hechos 10:44-48; 19:6-7). Este texto (Hechos 2:17-21), en particular cuando es visto en el contexto más amplio de Lucas-Hechos, también establece que, en la perspectiva de Lucas, el hablar en lenguas seguirá caracterizando la vida de la iglesia en estos postreros días (es decir hasta que Jesús vuelva).

4. Lucas presenta la experiencia de Jesús con el Espíritu y su vida de oración como modelos importantes para sus lectores. Lucas 10:21 que describe a Jesús con expresiones reminiscentes del hablar en lenguas, exultando alabanza inspirada por el Espíritu, exuberante y gozosa, no es excepción.

Todo esto conforma un impresionante cuadro del hablar en lenguas en Lucas-Hechos. Sin embargo, una pregunta importante todavía permanece sin contestar: ¿Vislumbra Lucas que cada creyente tome parte activa en la glosolalia? Dicho de otra forma, según Lucas, ¿está la experiencia de hablar en lenguas disponible para todos? En mis escritos previos, sugerí que Lucas no considera conscientemente esta pregunta. Sin embargo, sostuve que Pablo sí lo hace; y que él lo hace afirmativamente.[90] No obstante, ahora creo que mi juicio acerca de Lucas fue un poco precipitado. Hay varios pasajes en el Evangelio de Lucas, todos únicos de Lucas o moldeados particularmente por él, que revelan una intención clara de animar a sus lectores a orar por unciones proféticas, experiencias que producirán inevitablemente un testimonio valiente y alabanza gozosa. La narrativa de Lucas invita a que sus lectores reconozcan que estas unciones pneumáticas, estas experiencias de éxtasis espiritual que exultan en alabanza, en efecto están disponibles para cada discípulo de Jesús y que ellas resultarán regularmente en glosolalia. Ahora, demos un vistazo a estos pasajes clave.

3. EL DESAFÍO DE LUCAS PARA CADA CREYENTE

3.1 Lucas 19:39–40

El primer texto que consideraremos es el relato de Lucas de la entrada triunfal de Jesús en Jerusalén (Lucas 19:28–44), una historia que se halla en variadas formas en los cuatro Evangelios. Es ampliamente reconocido que Lucas sigue de cerca el registro de Marcos (Marcos 11:1–10), pero con una excepción significativa. Las palabras de Lucas 19:39–40 son exclusivas del Evangelio de Lucas:

---

90   Véase Menzies y Menzies, *Spirit and Power,* 121–144.

Entonces algunos de los fariseos de entre la multitud le dijeron: Maestro, reprende a tus discípulos. Él, respondiendo, les dijo: Os digo que si éstos callaran, las piedras clamarían (Lucas 19:39–40).

A primera vista, la inclusión de este material en la historia puede no parecer sobresaliente. Sin embargo, cuando se ve a la luz del énfasis de Lucas en la alabanza inspirada por el Espíritu y del testimonio a través de Lucas-Hechos, esto toma un sentido especial. La narrativa de Lucas está llena de alabanzas de personas que aman a Dios, todas las cuales declaran poderosas obras. El coro de alabanza comienza en las narrativas de la infancia con la Bendición de Elizabet (Lucas 1:42–45), el Magníficat de María (Lucas 1:46–55), la Canción de Zacarías (Lucas 1:67–79), y la Profecía de Simeón (Lucas 2:29–32). Los ángeles participan también (Lucas 2:13–14). El sonido de la alabanza inspirada por el Espíritu sigue con el éxtasis gozoso de Jesús (Lucas 10:21–24). La alabanza angelical de Lucas 2:13–14 es repetida entonces por la muchedumbre de discípulos cuando ellos dan bienvenida a Jesús cuando Él entra en Jerusalén (Lucas 19:37–38). Por supuesto en Lucas 19:39–40, únicamente Lucas destaca el significado de esta alabanza. El coro es otra vez retomado en el día de Pentecostés con la declaración dramática de las poderosas obras de Dios, por parte de aquellos que han sido llenos del Espíritu Santo (Hechos 2:1–13). Esto continúa en la narrativa de

> La narrativa de Lucas está llena de alabanzas de personas de Dios, todas las cuales declaran las poderosas obras de Dios.

Lucas a través del testimonio valiente acerca de Jesús, inspirado por el Espíritu.[91] Las manifestaciones de profecía y alabanza una vez más tienen que ver con el Espíritu y la glosolalia en Hechos 10:46 y Hechos 19:6.

Estos textos, colectivamente, constituyen un tema que es claramente de gran estima para Lucas. En estos postreros días, Lucas declara, el Espíritu inspirará a sus profetas del fin del tiempo para declarar las poderosas obras de Dios, la mayor de los cuales es la resurrección de Jesús. En efecto, si los discípulos permanecían silenciosos, ¡"las piedras clamarían"! El mensaje de Lucas para la iglesia, una iglesia que enfrenta oposición y persecución,[92] difícilmente podría ser pasado por alto. La alabanza y el testimonio valiente van de la mano, ellos son la consecuencia necesaria y también inevitable de ser llenos del Espíritu Santo.

3.2 Lucas 10:1–16

Volvamos ahora a otro pasaje exclusivo del Evangelio de Lucas, el registro por parte de Lucas del envío de los Setenta (Lucas 10:1–16). Mientras que los otros tres evangelios sinópticos registran las palabras de instrucción por parte de Jesús a los Doce cuando Él los envía en su misión, sólo Lucas registra un segundo envío más numeroso de discípulos (Lucas 10:1-16). En Lucas 10:1 leemos: "Después de estas cosas, designó el Señor

---

91   Véase, por ejemplo, Hechos 4:13,31; 5:32; 6:10; 9:31; 13:9,52.

92   Sobre la iglesia de Lucas como una comunidad que enfrenta persecución, véase mi ensayo en el *Festschrift* para Max Turner: Robert Menzies, "The Persecuted Prophets: A Mirror-Image of Luke's Spirit- Inspired Church [Los profetas perseguidos: Un reflejo de la iglesia de Lucas inspirada por el Espíritu]" en *The Spirit and Christ in the New Testament and Christian Theology* [El Espíritu y Cristo en el Nuevo Testamento y la teología cristiana], I. Howard Marshall, Volker Rabens, y Cornelis Bennema, eds. (Grand Rapids: Wm. B. Eerdmans Publishing, 2012), 52–70.

también a otros setenta [algunos manuscritos dicen "setenta y dos"], a quienes envió de dos en dos delante de él a toda ciudad y lugar adonde él había de ir." Hemos notado ya que este número tiene un significado simbólico. La selección de los Doce por parte de Jesús no fue seguramente una coincidencia. Él no escogió a doce discípulos simplemente porque había doce hombres particularmente idóneos para la tarea. El número doce estaba lleno de sentido simbólico. Este evocó a los doce hijos de Jacob y por lo tanto simbolizó a las doce tribus de Israel (Gn. 35:23–26). De este modo, la selección de Jesús de los Doce fue una declaración de que Él reconstituía a Israel, el pueblo de Dios.

Hemos mencionado que el número setenta también está arraigado en la narrativa del Antiguo Testamento y tiene un significado simbólico. El trasfondo de la referencia a los "setenta" debe encontrarse en Números 11:24–30.[93] Este pasaje describe cómo el Señor "tomó del espíritu que estaba en él [Moisés], y lo puso en los setenta varones ancianos" (Nm. 11:25). Esto resultó en que los setenta ancianos, que se habían reunido al lado de la Tienda, profetizaron por un breve tiempo. Otros dos ancianos, Eldad y Medad, no fueron a la Tienda; antes bien, ellos permanecieron en el campamento y continuaron profetizando. Cuando Josué oyó acerca de esto, él acudió rápidamente a Moisés y le exhortó a detenerlos. Sin embargo, Moisés respondió: "¿Tienes tú celos por mí? Ojalá todo el pueblo de Jehová fuese profeta, y que Jehová pusiera su espíritu sobre ellos." (Nm. 11:29).

La referencia a los Setenta, entonces, evoca memorias del deseo de Moisés de que "todo el pueblo de Jehová fuese profeta" y, de esta manera, señala a Pentecostés (Hechos 2), donde este deseo se comienza a cumplir. Por supuesto este deseo se sigue cumpliendo a través de la narrativa de Hechos. Esta referencia

---

93   Véase el Capítulo 1 para argumentos que apoyan esta conclusión.

a los Setenta, entonces, prevé el derramamiento del Espíritu sobre todos los siervos del Señor, y su participación universal en la misión de Dios (Hechos 2:17,18; cf. 4:31).[94] Según Lucas, cada seguidor de Jesús es llamado, y se le promete el poder necesario para ser un profeta.

Es importante notar que el habla extática de los ancianos en Números 11 constituye el telón de fondo contra el cual Lucas interpreta los derramamientos del Espíritu en Pentecostés y aquellos subsecuentes.[95] Pareciera que Lucas ve a cada creyente (al menos potencialmente) como un profeta del fin del tiempo, y que él espera que ellos también manifiesten un habla extática[96] inspirada por el Espíritu. Esta es la clara implicación de su narrativa, que incluye la realización reiterativa del deseo de Moisés en referencia con la glosolalia.

> **Según Lucas, cada seguidor de Jesús es llamado, y se le promete el poder necesario para ser un profeta.**

De los cuatro casos en el libro de Hechos donde Lucas realmente describe la venida inicial del Espíritu, tres explícitamente citan la glosolalia como el resultado inmediato (Hechos 2:4; 10:46; 19:6)

---

94   Keith F. Nickle, *Preaching the Gospel of Luke: Proclaiming God's Royal Rule* [Predicando el Evangelio de Lucas: La proclamación del gobierno regio de Dios] (Louisville: Westminster John Knox Press, 2000), 117: "Los 'Setenta' es la iglesia en su totalidad, incluso la propia comunidad de Lucas, anunciando el advenimiento del gobierno regio de Dios a través de toda la creación de Dios".

95   Como ya hemos mencionado, Gordon Wenham describe la acción de profetizar relatada en Números 11:24–30 como un "habla extática ininteligible, que el Nuevo Testamento llama hablar en lenguas" (Wenham, *Numbers*, 109).

96   Con el término, *extática*, quiero decir "que pertenece o fluye de una experiencia de intenso gozo." No deseo dar a entender con este término una pérdida de control. Aunque la glosolalia supera nuestras facultades de razonamiento, la experiencia no provoca pérdida de noción (cf. 1 Co. 14:28,32–33).

y en el otro (Hechos 8:14–19) está fuertemente implícito.[97] Es así aunque Lucas pudiera haber usado fácilmente otro lenguaje, en particular en Hechos 2, para describir lo que había resultado. El pasaje de Hechos 8 tiene varios objetivos. Sin embargo, cuando es visto en el contexto de la narrativa más amplia de Lucas, puede haber poca duda en la mente del lector acerca de la causa de la fracasada tentativa de Simón de comprar la capacidad de impartir el Espíritu. El tema es transparente; Lucas presenta su punto: el don pentecostal, como un cumplimiento del deseo de Moisés (Nm. 11:29) y la profecía de Joel (Joel 2:28-32), es una unción profética que permite a su receptor testificar valientemente acerca de Jesús y, *siendo este el caso, está marcada por el habla extática que es característica de los profetas* (es decir, glosolalia).

Esto explica por qué Lucas pensó que las lenguas eran una señal de la recepción del don pentecostal. Ciertamente, Lucas sí presenta el hablar en lenguas como evidencia de la venida del Espíritu. En el día de Pentecostés, Pedro declara que las lenguas de los discípulos sirvieron como una señal. Sus lenguas no sólo establecieron el hecho de que ellos, los discípulos de Jesús, eran los profetas del fin del tiempo de quien Joel predijo; sino que sus lenguas también marcaron el advenimiento de los postreros días (Hechos 2:17–21) y sirvieron para establecer el hecho de que Jesús había resucitado y es el Señor (Hechos 2:33–36). En Hechos 10:44–48, el "hablar en lenguas" es nuevamente "presentado como la prueba positiva y suficiente para convencer a los acompañantes de Pedro" de que el Espíritu había sido derramado sobre los Gentiles.[98] En Hechos 19:6, las lenguas y

---

97   La experiencia de Pablo con el Espíritu realmente no se describe (Hechos 9:17–19); antes bien, está implícita.

98   James D. G. Dunn, *Jesus and the Spirit: A Study of the Religious and Charismatic Experience of Jesus and the First Christians as Reflected in the New Testament* [Jesús y el Espíritu: Un estudio de de la experiencia religiosa y carismática de Jesús y de los primeros cristianos como se refleja en el Nuevo Testamento] (Philadelphia: Westminster Press, 1975), 189.

la profecía son citadas como los resultados inmediatos de la venida del Espíritu, la evidencia indiscutible de una respuesta afirmativa a la pregunta de Pablo planteada previamente en la narrativa: "¿Recibisteis el Espíritu Santo cuando creísteis?"

Es interesante notar que Lucas no comparte la preocupación de muchos cristianos modernos acerca de la posibilidad de lenguas falsas. Lucas no ofrece pautas para discernir si las lenguas son genuinas o falsificadas, de Dios o de alguna otra fuente.[99] Antes bien, Lucas supone que la comunidad cristiana sabrá y experimentará lo que es necesario y bueno. Esta observación nos lleva a nuestro siguiente texto.

3.3 Lucas 11:9–13

Otro texto que refleja el deseo de Lucas de animar su iglesia a experimentar la inspiración profética del Espíritu, y todo lo que esto implica (es decir, alabanza gozosa, glosolalia, y testimonio valiente) se halla en Lucas 11:13. Este versículo, que forma el punto culminante a la enseñanza de Jesús acerca de la oración, otra vez testifica del hecho que Lucas ve la obra del Espíritu Santo descrita en Hechos como relevante para la vida de su iglesia. Lucas no escribe con nostalgia acerca de una era de actividad carismática en un pasado distante.[100] Lucas 11:13 lee: "Pues si vosotros, siendo malos, sabéis dar buenas dádivas

---

99   Esta clase de laguna llevó a James Dunn, hace más de treinta años, a describir la perspectiva de Lucas como "coja" (Dunn, *Jesus and the Spirit*, 191, 195). Dado el dramático crecimiento del movimiento pentecostal y la triste condición de muchas iglesias tradicionales, uno se pregunta si el Profesor Dunn podría ser más comprensivo ahora del enfoque entusiasta de Lucas. Quizás al escuchar con más detenimiento a Lucas la iglesia pueda recobrar su equilibrio.

100   En contraposición al juicio de Hans Conzelmann, *Acts of the Apostles* (Philadelphia: Fortress Press, 1987 [German original, 1963]), 15, 159–60.

a vuestros hijos, ¿cuánto más vuestro Padre celestial dará el Espíritu Santo a los que se lo pidan?" Es instructivo notar que el pasaje paralelo en el Evangelio de Mateo contiene una fraseología ligeramente diferente: "¿cuánto más vuestro Padre que está en los cielos dará *buenas cosas* a los que le pidan?" (Mt. 7:11 énfasis añadido). Es prácticamente seguro que Lucas ha interpretado las "buenas cosas" en su material fuente como una referencia al "Espíritu Santo".[101] Lucas, entonces, nos provee de un comentario autoritativo e inspirado por el Espíritu, sobre este dicho de Jesús. Tres implicaciones importantes deben ser consideradas.

En primer lugar, la modificación por parte de Lucas de la redacción mateana (o Q) del dicho anticipa la experiencia post-resurrección de la iglesia.[102] Esto es evidente por el hecho de que la promesa, que el Padre dará el Espíritu Santo a aquellos que lo piden, comienza sólo a cumplirse en Pentecostés. Al contemporizar el texto de esta manera, Lucas acentúa la importancia del dicho para la comunidad post-Pentecostés a la cual él escribe. Parecería que para Lucas no hay ninguna línea definida de separación que divide la iglesia apostólica de su iglesia o la nuestra. Por el contrario, Lucas llama a sus lectores a seguir en sus pasos.

En segundo lugar, el contexto indica que la promesa se hace a discípulos (Lucas 11:1). Así, la versión contemporizada del refrán por parte de Lucas es claramente dirigida a los miembros de la

---

101   Las razones de esta conclusión incluyen: (1) el hecho de que la referencia al Espíritu Santo rompe el paralelismo de las "buenas dádivas" dadas por padres terrenales y las "buenas cosas" dadas por nuestro Padre celestial; (2) Lucas a menudo inserta referencias al Espíritu Santo en su material fuente; (3) Mateo nunca omite o añade referencias al Espíritu Santo en sus fuentes.

102   J. Fitzmyer, *The Gospel According to Luke,* [El Evangelio según Lucas], *Vol. 2* (AB 28; New York: Doubleday, 1985), 916; E. E. Ellis, *The Gospel of Luke* [El Evangelio de Lucas] (NCB; London: Oliphants, Marshall, Morgan, & Scott, 1974), 164; R. Stronstad, *The Charismatic Theology of St. Luke* [La teología carismática de San Lucas] (Peabody, Mass: Hendrickson, 1984), 46.

comunidad cristiana.[103] Ya que es dirigida a cristianos, la promesa no puede referirse a un don iniciador o soteriológico.[104] Este concepto encuentra confirmación en el carácter reiterativo de las exhortaciones a orar en Lucas 11:9:[105] oración por el Espíritu

Para Lucas no hay ninguna línea definida de separación que divide la iglesia apostólica de su iglesia o la nuestra.

(y, a la luz de la promesa, podemos suponer que esto incluye la recepción del Espíritu) debe ser una práctica constante. El don del Espíritu Santo al cual Lucas se refiere no inicia al creyente en una nueva edad, tampoco se recibe sólo una vez;[106] antes bien, este regalo pneumático es dado a los discípulos y debe experimentarse de una manera constante (cf. Hechos 2:4; 4:8,31; 9:17; 13:9).

En tercer lugar, el uso por parte de Lucas en otras partes indica que él consideró el don del Espíritu Santo en 11:13 como una investidura profética. En dos ocasiones en Lucas-Hechos el Espíritu se otorga a aquellos que están orando;[107] en ambas el

---

103 El consenso de los eruditos afirma que Lucas-Hechos fue dirigido primeramente a cristianos.

104 G. T. Montague, *The Holy Spirit: Growth of a Biblical Tradition* [El Espíritu Santo: Crecimiento de una tradición bíblica] (New York: Paulist, 1976), 259–60.

105 Nótese la acción repetitiva o continua implícita en los verbos en 11:9: αἰτεῖτε (pedir), ζητεῖτε (buscar), κρούετε (llamar).

106 F. Büchsel nota el carácter reiterativo de la exhortación (*Der Geist Gottes im Neuen Testament* [El Espíritu de Dios en el Nuevo Testamento] [Gütersloh: C. Bertlesmann, 1926], 189–90). También lo hace Montague, *Spirit*, 259–260.

107 Hechos 8:15,17 representa el único caso en Lucas-Hechos, aparte de los dos pasajes mencionados más arriba, donde la recepción del Espíritu explícitamente tiene que ver con la oración. Sin embargo, aquí el Espíritu es otorgado a los samaritanos en respuesta a la oración de Pedro y Juan. Aunque la situación en Hechos 8:15,17 no es un paralelo verdadero de Lucas 11:13, en Hechos 8:15,17 el Espíritu también es descrito en términos proféticos. La oración está implícitamente asociada con la recepción del Espíritu en Pentecostés (Hechos 1:14; 2:4). Aquí también el don del Espíritu es presentado como una dotación profética. Así también en Hechos 9:17, aunque aquí la recepción de hecho del Espíritu no sea descrita.

Espíritu es presentado como la fuente de actividad profética. En el relato de Lucas acerca del bautismo de Jesús se indica que Jesús recibió el Espíritu después de su bautismo mientras oraba (Lucas 3:21). Este don del Espíritu, presentado principalmente como la fuente de poder profético (Lucas 4:18–19), equipó a Jesús para su tarea mesiánica. Más tarde, en Hechos 4:31, los discípulos después haber orado, "todos fueron llenos del Espíritu Santo, y hablaban con denuedo la palabra de Dios." De nuevo, el Espíritu dado en respuesta a la oración es el ímpetu para la actividad profética.

¿Qué clase de actividad profética anticipó Lucas que acompañaría este otorgamiento del Espíritu? Seguramente una lectura de la narrativa de Lucas sugeriría una amplia variedad de posibilidades: alabanza gozosa, glosolalia, visiones y testimonio valiente ante la persecución, por mencionar unos cuantos. Sin embargo, varios aspectos de la narrativa de Lucas sugieren que la glosolalia fue uno de los resultados esperados en la mente de Lucas y en la mente de sus lectores.

En primer lugar, como ya mencionamos, la narrativa de Lucas sugiere que la glosolalia típicamente acompaña la recepción inicial del Espíritu. Además, Lucas destaca el hecho que la glosolalia sirve como una señal externa del don profético. Estos elementos del relato de Lucas animarían indudablemente a los lectores en la iglesia de Lucas, como ellos hacen con los lectores contemporáneos, a buscar el don profético, *completo con su señal externa que lo acompaña.* En resumen, en Lucas 11:13 él anima a su iglesia a orar por una experiencia de éxtasis espiritual que producirá poder y alabanza en sus vidas, una experiencia similar a aquellas mostradas por Jesús (Lucas 3:21–22; 10:21) y la iglesia primitiva (Hechos 2:4; 10:46; 19:6). El lector supondría naturalmente que la glosolalia es una parte normal, frecuente y esperada de esta experiencia.

En segundo lugar, en vista del énfasis en este pasaje en el pedir (v. 9) y la buena voluntad del Padre en responder (v. 13), parecería natural para los lectores de Lucas plantear una interrogante que a menudo la hacen de nuevo los cristianos contemporáneos: ¿Cómo sabremos cuando hemos recibido este don? Aquí oímos los ecos de la pregunta de Pablo en Hechos 19:2. Por supuesto, Lucas ha proporcionado una respuesta clara. La recepción del poder profético tiene un signo visible y externo: glosolalia. Esto no significa que no haya otras formas en que el poder y presencia del Espíritu nos sean manifestadas. Esto simplemente afirma que la narrativa de Lucas indica que realmente hay una señal visible y externa, y que él y sus lectores esperarían naturalmente manifestar esta señal.

Yo añadiría que esta señal debe haber sido en extremo alentadora para la iglesia de Lucas, como lo es para muchos cristianos contemporáneos. Esto significó su conexión con la iglesia apostólica y confirmó su identidad como profetas del fin del tiempo. Encuentro interesante que tantos creyentes de iglesias tradicionales hoy reaccionan negativamente a la noción de la glosolalia como una señal visible. Ellos a menudo preguntan, ¿deberíamos realmente enfatizar una señal visible como el hablar en lenguas? Aún así, estos mismos cristianos participan en una forma litúrgica de adoración que está llena de sacramentos e imágenes; una forma de adoración que enfatiza signos visibles. Los signos

> **El Padre da buenas dádivas. Nosotros no tenemos que preocuparnos o temer.**

son valiosos cuando ellos señalan algo significativo. Lucas y su iglesia claramente entendieron esto.

Finalmente, se debería plantear la pregunta: ¿Por qué tendría Lucas que animar a sus lectores a no tener temor de recibir un don malo o dañino (nótese la serpiente y el escorpión de v. 11–12)?[108] ¿Por qué tendría él que animar a su iglesia a buscar este don del Espíritu? Si el don es silencioso, interno y etéreo, ¿por qué habría allí alguna preocupación? Sin embargo, si el don incluye glosolalia, que es ruidosa, ininteligible, y tiene muchas contrapartes paganas,[109] entonces la preocupación tiene sentido.[110] La respuesta de Lucas tiene el propósito de aquietar cualquier temor. El Padre da buenas dádivas. Nosotros no tenemos que preocuparnos o temer.

En resumen, mediante su hábil edición de este refrán de Jesús (Lucas 11:13), Lucas anima a los discípulos post-Pentecostés a orar por unción profética, una experiencia de éxtasis espiritual que producirá poder y alabanza en sus vidas, una experiencia similar a aquellas experiencias mostradas por Jesús (Lucas 3:21–22; 10:21) y la iglesia primitiva (Hechos 2:4; 10:46; 19:6). El lector esperaría naturalmente que la glosolalia fuera una parte normal, frecuente, e inherente de esta experiencia. El hecho de

---

108   Es quizás significativo que las comparaciones de Lucas presentan elementos peligrosos ("serpiente" y "escorpión", Lucas 11:11,12), mientras que las comparaciones de Mateo incluyen lo que es simplemente sin valor ("piedra" y "serpiente," Mt. 7:9,10). Esto podría sugerir que Lucas procurara conscientemente ayudar a sus lectores a vencer sus temores.

109   Para ejemplos judíos y paganos de éxtasis y declaraciones inspiradas, véase Dunn, *Jesus and the Spirit* [Jesús y el Espíritu], 304–5.

110   Nótese que la controversia de Belcebú le sigue inmediatamente (Lucas 11:14–28). Algunos acusaron a Jesús de estar poseído por el demonio (Lucas 11:15). Los primeros cristianos fueron indudablemente encarados con acusaciones similares. Por lo tanto no es de sorprender que Lucas "haga esfuerzos por mostrar [que] el cristianismo es tanto diferente como superior a la magia" (Richard Vinson, *Luke* [Lucas] [Macon, Georgia: Smyth & Helwys Publishing, 2008], 380; cf. Hechos 8:9–24; 16:16–18; 19:11–20).

que Lucas vio la glosolalia como un componente significativo de este otorgamiento del Espíritu es sugerido por el contexto más amplio de Lucas-Hechos, que presenta las lenguas como una señal externa de la recepción del Espíritu, y también por el contexto más inmediato, que indica que el llamado de Lucas a orar para pedir el Espíritu Santo es una respuesta a los temores de algunos dentro de su comunidad. Este pasaje, entonces, indica que Lucas vio las lenguas como positivas y disponibles para cada discípulo de Jesús.

4. CONCLUSIÓN

He sostenido que, según Lucas, las lenguas cumplieron un papel significativo en la vida de la iglesia apostólica. Además, Lucas esperaba que las lenguas siguieran cumpliendo un papel positivo en su iglesia y la nuestra, ambas de las cuales están situadas en estos "postreros días". En la convicción de Lucas, cada creyente puede manifestar este don espiritual. De este modo, Lucas anima a cada creyente a orar por unciones proféticas (Lucas 11:13), experiencias de exultación inspirada por el Espíritu de las cuales fluyen poder y alabanza; experiencias similares a aquellas mostradas por Jesús (Lucas 3:21–22; 10:21) y la iglesia primitiva (Hechos 2:4; 10:46; 19:6). Lucas creyó que estas experiencias incluirían típicamente glosolalia, que él consideró una forma especial de habla profética y una señal de que el don pentecostal había sido recibido.

Estas conclusiones están basadas en varios argumentos interrelacionados que podrían ser resumidos como sigue:

1. La glosolalia era conocida y ampliamente experimentada en la iglesia primitiva.

2. La narrativa de Lucas revela que él considera el hablar en lenguas como un tipo especial de habla profética.

3. Lucas indica que la glosolalia, como un tipo especial de habla profética, tiene un papel presente que cumplir en la vida de la iglesia.

4. Lucas presenta la experiencia de Jesús con el Espíritu y su vida de oración, incluyendo un momento significativo de éxtasis espiritual, en el cual Él exulta en alabanza gozosa (Lucas 10:21), como modelos importantes para sus lectores.

5. Lucas destaca de un modo único la importancia y la necesidad de la alabanza inspirada por el Espíritu: la alabanza y el testimonio valiente van de la mano, ya que ellos son la consecuencia necesaria así como inevitable de estar llenos del Espíritu Santo.

6. Lucas ve el derramamiento pentecostal del Espíritu como el cumplimiento del deseo de Moisés (Nm. 11:29) y la profecía de Joel (Joel 2:28–32). Por lo tanto, es una unción profética que está marcada por la característica de habla extática de los profetas (es decir glosolalia).

7. Según Lucas, el don de lenguas está disponible para cada discípulo de Jesús; así, Lucas anima a los creyentes a orar por unción profética, que él prevé incluirá glosolalia.

Estas conclusiones sugieren que Lucas presenta un desafío a la iglesia contemporánea, una iglesia que con mucha frecuencia pierde de vista su llamado apostólico y sus raíces carismáticas. La glosolalia, de un modo único, simboliza este desafío. Ésta nos recuerda de nuestro llamado y nuestra necesidad de investidura divina. Sucedió así con la iglesia de Lucas, y es igualmente cierto para con nosotros hoy. Dicho de otra manera, las lenguas nos recuerdan nuestra verdadera identidad: debemos ser una comunidad de profetas, llamados e investidos de poder para testificar valientemente acerca de Jesús y declarar sus obras poderosas.

No debería sorprendernos, entonces, que el don de lenguas sirva como un símbolo importante para los pentecostales modernos. Tal como esta experiencia conectó a la iglesia de Lucas con sus raíces apostólicas, así también las lenguas cumplen un objetivo similar para los pentecostales hoy. Esto simboliza y valida nuestro enfoque en el libro de Hechos: sus historias se convierten en "nuestras" historias. Esto a su vez nos anima a reconsiderar nuestro llamado apostólico y nuestra herencia carismática. En resumen, para los pentecostales las lenguas sirven como un signo de que el llamado y el poder de la iglesia apostólica son válidos para los creyentes hoy.

SUPLEMENTO: ¿PUEDEN EXPERIMENTAR EL PODER PENTECOSTAL AQUELLOS QUE TODAVÍA NO HAN HABLADO EN LENGUAS?

Esto es una pregunta que muchos de mis amigos evangélicos no pentecostales plantean. Ellos sienten que los pentecostales los consideran como cristianos de "segunda clase". Además, ellos insisten que, por definición, cualquier teología que habla de un bautismo en el Espíritu que es distinto de la conversión debe conducir finalmente al elitismo dentro de la iglesia. Creo que la acusación de elitismo sólo es exacta si los pentecostales establecen una conexión entre bautismo en el Espíritu y madurez cristiana o fruto del Espíritu, que ellos por lo general no hacen.[111] Como hemos mencionado, los pentecostales normalmente describen el bautismo en el Espíritu como investidura de poder para la misión. Idealmente, la madurez cristiana y el poder misiológico van de la mano, pero en la práctica vemos que éste no siempre es el caso. La iglesia en Corinto manifestó dones espirituales, podríamos decir que ellos tenían poder carismático, pero estaban lejos de ser maduros.[112] "A medida que andamos rectamente en los caminos del Espíritu, encontraremos probablemente momentos de renovación que son éticamente transformadores y misiológicamente inspiradores. Sin embargo, una dimensión puede desarrollarse sin la otra".[113] Por lo tanto, los pentecostales debieran estar dispuestos a reconocer que el hablar en lenguas no es una señal de madurez cristiana. El bautismo en el Espíritu (en el sentido lucano) y el hablar en lenguas no es ninguna garantía de una vida dramáticamente marcada por el fruto del Espíritu.

Aún así, todavía debemos considerar nuestra pregunta central: ¿Qué podemos decir del poder misiológico? ¿Pueden aquellos que todavía no han hablado en lenguas experimentar el poder pentecostal? Debemos tener mucho cuidado aquí de no limitar a Dios. Ya que estamos describiendo la realidad empírica, y Dios se complace en investir de poder a su pueblo, no sería sabio ofrecer una respuesta legalista. En resumen, realmente creo que muchos cristianos que no consideraría como pentecostales, y

---

111   Para más información sobre este tema véase el Capítulo 15, "The Baptism in the Spirit and the Fruit of the Spirit [El bautismo en el Espíritu y el fruto del Espíritu]" en Menzies y Menzies, *Spirit and Power* [Espíritu y Poder], 201–208.

112   Compárese 1 Co. 1:5–7 con 1 Co. 3:1–4.

113   Menzies y Menzies, *Spirit and Power*, 207.

que no han hablado en lenguas, realmente experimentan, en diversos grados, el poder pentecostal. Podríamos llamarlos "pentecostales anónimos" ¿Quién puede comprender las profundidades de la psique humana o la mente de Dios? ¿Quién puede explicar por qué algunos encuentran difícil el hablar en lenguas y otros no?

Aunque puede ser posible experimentar el poder pentecostal en variados grados, sin hablar en lenguas, hay que destacar que ésta no es la plena experiencia bíblica.

Por cualesquiera motivos, ya sea debido a antiguos prejuicios teológicos o la propia constitución psicológica, algunos cristianos fervientes encuentran difícil experimentar este don. Con toda seguridad muchos de estos cristianos realmente experimentan el poder pentecostal, aunque ellos no lo reconozcan como tal.

Aquí, sin embargo, creo que es importante calificar nuestra respuesta de dos modos importantes. En primer lugar, aunque puede ser posible experimentar el poder pentecostal en diversos grados sin hablar en lenguas, hay que notar que esta no es la plena experiencia bíblica. Esto no es lo que Lucas, bajo la inspiración del Espíritu, se propuso comunicarnos. La experiencia apostólica plena tal como está descrita en Hechos incluye la experiencia de hablar en lenguas. Además, aunque los "pentecostales anónimos" puedan experimentar el poder pentecostal, también estoy convencido de que ellos experimentarían este poder con más frecuencia y mayor intensidad, si conscientemente abrazaran la perspectiva pentecostal. Como puede ver, la experiencia pentecostal es animada y dirigida por los modelos bíblicos en Hechos, y es reforzada por el mensaje simbólico de las lenguas. En resumen hay poder en la narrativa y en este don de expresión (es decir, las lenguas). Juntos, ellos facilitan y dirigen nuestra apropiación del poder pentecostal. Planteemos la pregunta de otra manera: ¿Puede usted ser bautizado en el Espíritu sin hablar en lenguas? Quizás. ¿Pero por qué querríamos conformarnos con algo menos que la experiencia apostólica plena?

Por supuesto las cuestiones pastorales aquí son reales y deben ser consideradas. ¿Qué le decimos a cristianos fervientes que han buscado el bautismo pentecostal durante un extenso período de tiempo (quizás años) y todavía no han hablado en lenguas? Yo diría lo siguiente: no deje que su inhabilidad de hablar en lenguas lo desanime en su búsqueda de Dios o su misión. Su carencia de lenguas no es una señal de inmadurez o de disgusto por parte de Dios. No sé por qué ha sido difícil para usted experimentar este don. Pero realmente sé que el hablar en lenguas es sólo una forma entre muchas en que Dios anima y edifica a sus hijos. Siga adelantándose en su andar con Jesús. Permanezca con ferviente interés en la búsqueda de la presencia de Dios, y deje que Él lo guíe. Siga los modelos en Hechos. Permanezca expectante y usted encontrará algo con que Él lo sorprenderá. Anímese por los dones manifestados en la comunidad de la fe. Alégrese con otros cuando ellos hablan en lenguas, y deje que sus declaraciones sirvan como recordatorio de nuestro enlace común con la iglesia apostólica. Recuerde que el hablar en lenguas no es una señal de madurez cristiana, tampoco una carencia de lenguas es una señal de inmadurez. Sobre todo, confíe que Dios se complace en usarlo, y lo hará para su gloria.

CAPÍTULO CUATRO

PRODIGIOS Y SEÑALES

En 1970 James Dunn publicó su influyente crítica de la teología pentecostal, *Baptism in the Holy Spirit* [El Bautismo en el Espíritu Santo].[114] Más recientemente, uno de los estudiantes doctorales de Dunn, Keith Hacking, ha intentado proporcionar algo similar con relación a la teología de "prodigios y señales" asociadas al movimiento Tercera Ola. El término "Tercera Ola" se refiere a un movimiento del Espíritu que comenzó en los años 1980, subsecuente a los movimientos pentecostal y carismático más tempranos. Esta "Tercera Ola" del Espíritu provocó un movimiento que fue promovido considerablemente por John Wimber, y ésta involucró a muchos otros evangélicos que habían sido antes dispensacionalistas y cesacionistas. Según Hacking, la

---

114 James D. G. Dunn, *Baptism in the Holy Spirit: A Re-examination of the New Testament Teaching on the Gift of the Spirit in Relation to Pentecostalism Today* [Bautismo en el Espíritu Santo: Un reexamen de la enseñanza del Nuevo Testamento acerca del don del Espíritu con relación al pentecostalismo hoy] (London: SCM Press, 1970).

Tercera Ola presenta la práctica de sanidad y exorcismo, lo que John Wimber llama "hacer las cosas", como ministerios normativo para la iglesia contemporánea.

En la teología de la Tercera Ola es crucial no sólo la práctica de Jesús mismo, sino también la tutoría y comisión que Él dio a sus discípulos. Los promotores de la Tercera Ola, como sus hermanos y hermanas pentecostales, subrayan que Jesús dio el ejemplo y luego encargó a sus discípulos que proclamaran y demostraran a través de prodigios y señales el carácter presente del Reino de Dios. Hacking procura examinar la pretendida base bíblica que esta Tercera Ola (y podríamos añadir, pentecostales) asevera. Él se concentra en particular en los registros sobre comisión y enseñanza acerca del discipulado encontrados en los evangelios sinópticos y Hechos. Ya que la crítica de Hacking implícitamente afecta la creencia y práctica pentecostal, me gustaría ofrecer un breve resumen de su posición y responder a ella.

Desde el comienzo, la posición de Hacking es evidente. Él critica a los promotores de la Tercera Ola por adoptar una lectura de los Evangelios que es simplista y carente de sentido crítico. Este enfoque "carente de sentido crítico" está marcado por dos defectos principales, los cuales fluyen de la relativa carencia de compromiso de la Tercera Ola con el fruto de la erudición bíblica moderna. En primer lugar, los promotores de la Tercera Ola tienden a leer los Evangelios como un todo homogéneo, y por lo tanto fallan en discernir la perspectiva teológica distintiva del escritor de cada Evangelio. Además, la Tercera Ola fracasa en entender, sobre todo en el caso de Lucas, la importancia del cambio en las épocas de la historia de la salvación, que disminuye su capacidad de entender el papel único de Jesús y los apóstoles, y los milagros que ellos realizaron. En resumen, Hacking sugiere que en la prisa de su entusiasmo por cosas sobrenaturales, los promotores de la Tercera Ola han endosado su propia agenda en los textos del Nuevo Testamento.

Hacking desarrolla su crítica examinando los registros de comisión y enseñanza sobre el discipulado encontrados en Mateo, Marcos, y luego Lucas-Hechos. Mateo, se nos dice, presenta a Jesús como un profeta mosaico que interpreta correctamente la ley. Jesús transmite a los discípulos su "autoridad para enseñar", y esto constituye el "corazón de la Gran Comisión".[115] Hacking de mala gana reconoce que "la autoridad" que Jesús confiere a los discípulos también podría incluir autoridad sobre lo demoníaco, pero él insiste en que Mateo hace mucho mayor hincapié en la autoridad para perdonar pecados, así como para enseñar. Hacking concluye que la enseñanza de Mateo sobre el discipulado que incluye temas importantes acerca de sufrimiento y persecución, la necesidad de perdón, y la disciplina de una vida piadosa, indica que el realizar "prodigios y señales" no era para Mateo una dimensión particularmente importante del discipulado cristiano. A uno sólo le queda preguntarse, particularmente a la luz de la clara asociación de Mateo de "autoridad" y ministerio carismático (p.ej., Mt. 9:8; 10:1; 28:18), si Mateo y su comunidad realmente pensaban que estos temas, obviamente importantes, y un énfasis en prodigios y señales eran mutuamente excluyentes.

Marcos también presenta un rico cuadro del discipulado cristiano, uno que se concentra en mucho más que la simple capacidad de realizar milagros. Los asuntos más profundos del discipulado son considerados por Marcos en su sección central. Aquí Marcos enseña al describir las equivocaciones de los discípulos por una parte, y la enseñanza correctiva de Jesús por

---

115   Keith J. Hacking, *Signs and Wonders, Then and Now: Miracle-working, Commissioning and Discipleship* [Prodigios y señales, entonces y ahora: Obra de milagros, comisión y discipulado] (Nottingham: Apollos/IVP, 2006), 100.

la otra. El discipulado para Marcos se centra en "el compromiso total, un espíritu de siervo, disposición para sufrir y un enfoque en... cumplir la voluntad de Dios".[116] Además, Hacking sugiere que la comisión de los discípulos para realizar sanidades y exorcismos no apunta a toda la comunidad cristiana, sino antes bien, se aplica a sólo los cristianos involucrados en la actividad misionera pionera.

Esta conclusión crea una tensión con la declaración más temprana de Hacking de que "el discipulado para Marcos tiene la misión como su propósito".[117] Esta tensión no es resuelta, sino más bien intensificada cuando nos damos cuenta que la sección central del Evangelio de Marcos incluye una historia sobre la inhabilidad de los discípulos de exorcizar un demonio (Marcos 9:14–29). Después de una reprimenda implícita ("¡Oh generación incrédula!¡Hasta cuándo he de estar con vosotros? ¿Hasta cuándo os he de soportar?"), Jesús exorciza el demonio y luego instruye a los discípulos acerca de cómo esta clase de demonios deben ser expulsados. En otra parte en la sección central, esta clase de malentendido y corrección es citada por Hacking como el método de instrucción de Marcos. Sobre la base de las conclusiones más tempranas de Hacking, uno prevería que aquí Marcos instruye a su iglesia acerca del método apropiado de exorcismo y cómo abordarlo. No es así, declara Hacking. En una interesante muestra de lógica inversa, Hacking concluye que la historia enseña "que los éxitos espectaculares más tempranos de parte de los discípulos enviados por Jesús en la misión no deberían ser considerados por los lectores de Marcos como la norma cotidiana para la iglesia".[118] Este desconcertante cambio hermenéutico sigue con el análisis

---

116   Hacking, *Signs and Wonders,* 152.

117   Ibid., 112.

118   Ibid., 130.

que Hacking efectúa de Marcos 9:38–41, en que se describe la corrección que Juan recibió de Jesús, por que le había molestado que alguien que no era de los Doce expulsara demonios. Jesús dice: "No se lo prohibáis; porque ninguno hay que haga milagro en mi nombre, que luego pueda decir mal de mí. Porque el que no es contra nosotros, por nosotros es. Y cualquiera que os diere un vaso de agua en mi nombre, porque sois de Cristo, de cierto os digo que no perderá su recompensa." (Marcos 9:39–41). Pareciera que esta historia, que tiene paralelos impresionantes con Números 11:26–29, anima a los Doce y, por extensión, la iglesia de Marcos, a *no* limitar la expulsión de demonios a unos pocos escogidos. Aún así, Hacking extrae algo bastante diferente de este texto. Según Hacking, la historia enseña que "el exorcismo en el nombre de Jesús no necesariamente tiene que incluir el (verdadero) discipulado y, como tal, debiera ser considerado por sus lectores como de importancia relativamente menor".[119]

El tratamiento por parte de Hacking de Lucas-Hechos, que es especialmente crucial para nuestros objetivos, sigue un modelo que se ha vuelto ahora bastante previsible. En primer lugar, él sostiene que Lucas no presenta la recepción del Espíritu por parte de Jesús como un modelo para los discípulos posteriores. Él propone esto a pesar de la abundante evidencia de lo contrario. Hacking no presta atención al hecho que Lucas ha redactado su narrativa de tal modo que acentúa los paralelos entre la recepción del Espíritu por parte de Jesús en el Jordán y la recepción del Espíritu por parte de los discípulos en Pentecostés: ambas recepciones ocurren al principio de sus ministerios respectivos; ambas experiencias son acompañadas por manifestaciones visibles; ambas son interpretadas como un cumplimiento de la

---

119   Ibid., 133.

profecía del Antiguo testamento en el contexto de un sermón que inmediatamente sigue al acontecimiento. El criterio de Hacking en este punto es perjudicado por su tendencia de aceptar la noción de que Lucas tiene un concepto rígido y fragmentado de la historia de la salvación. La perspectiva de tres épocas de Conzelmann fue desacreditada hace mucho, pero Hacking todavía funciona con una versión ligeramente modificada del esquema de Conzelmann. Martin Hengel dio la voz a un consenso casi unánime en la erudición lucana cuando él escribió hace algunos años que la perspectiva de Conzelmann de "que Lucas divide la historia en tres

> **Lucas ha redactado su narrativa de tal modo que acentúa los paralelos entre la recepción del Espíritu por parte de Jesús en el Jordán y la recepción del Espíritu por parte de los discípulos en Pentecostés.**

períodos... era sin embargo engañosa.... En realidad, la obra doble cubre una historia de Jesucristo, que... incluye el intervalo entre la resurrección y la parousia como el tiempo de su proclamación en los 'postreros días' (Hechos 2:17)".[120]

Lamentablemente, esta presuposición defectuosa también motiva a Hacking a enfatizar la discontinuidad entre el ministerio carismático de Jesús y los apóstoles por una parte, y el ministerio en la iglesia de Lucas y la nuestra por la otra. Hacking con frecuencia aboga por la unicidad de los milagros de Jesús y los apóstoles. Él declara: "Los prodigios y señales en Hechos deben ser entendidos como instrumentales en la formación de la iglesia

---

120   Martin Hengel, *Acts and the History of Earliest Christianity,* trans. J. Bowden [Hechos y la historia del cristianismo más temprano], trad. J. Bowden (London: SCM Press, 1979), 59.

infante".[121] Hacking elabora esto sosteniendo que Lucas restringe los prodigios y señales a unos pocos elegidos, un grupo escogido de individuos denominados que son separados y comisionados, al principio por Jesús, pero más tarde por su congregación local. Él concluye: "Lucas asoció los prodigios y señales sólo con aquellos que tenían que cumplir un papel claramente autoritativo en el progreso misiológico de la iglesia".[122]

Así, estas conclusiones de nuevo se contraponen a la evidencia de Lucas-Hechos. El envío de los setenta y dos (Lucas 10:1–16) es un ejemplo. Hacking sostiene que las instrucciones dadas a los setenta y dos, que incluyen "sanar a enfermos" (Lucas 10:9; cf. 10:17), estuvieron limitadas al ministerio terrenal de Jesús y "Lucas no se propuso proporcionar un paradigma contemporáneo constante".[123] Sin embargo, como hemos mencionado ya, este texto tiene importantes paralelos con Números 11:24–29 y debería leerse con la declaración de Moisés en mente: "Ojalá todo el pueblo de Jehová fuese profeta" (Nm. 11:29). Las evidencias de las variantes en los manuscritos, en cuanto a si se envió setenta o setenta y dos, dan testimonio del hecho que la iglesia primitiva entendió el texto de esta manera. El número actual de los ancianos que fueron ungidos en Números 11 es algo ambiguo, dependiendo de si Eldad y Medad estaban incluidos en los setenta originales. Esto explica más tarde las discrepancias entre copistas. Este pasaje entonces, que amplía el grupo de discípulos investidos más allá de los Doce, y repite el deseo de Moisés de un ministerio profético de los creyentes, encuentra su cumplimiento en el derramamiento pentecostal del Espíritu.

---

121   Hacking, *Signs and Wonders,* 257.

122   Ibid.

123   Ibid., 195.

El interés de Lucas, por animar a su iglesia a ver el don pentecostal del Espíritu y el poder carismático que él proporciona como disponible para cada creyente, se enfatiza de nuevo en Lucas 11:9–13 (par. Mt. 7:7–11), donde Lucas modifica la versión Q del dicho para leer "Espíritu Santo", en vez de "buenas cosas." La versión editada de Lucas de este refrán ("¿Cuánto más vuestro Padre celestial dará el Espíritu Santo a los que se lo pidan?") obviamente anticipa la experiencia post-Pascua de la iglesia, ya que el don del Espíritu no fue otorgado hasta Pentecostés. Al contemporizar el texto de esta manera, Lucas acentúa la importancia del dicho para la comunidad post-Pentecostés a la cual él escribe. Él redacta su narrativa para animar a su iglesia —en realidad a la iglesia *entera*— a orar que ellos también puedan ser investidos de poder mediante el don pentecostal.

> **El punto es inequívoco: en los postreros días el Señor derramará el Espíritu sobre *todos* los siervos de Dios.**

Finalmente, Lucas no podría haber expresado el asunto más claramente que cuando lo hace en el sermón de Pedro en Pentecostés (véase sobre todo Hechos 2:17–22). Pedro declara a la muchedumbre asombrada que los acontecimientos pentecostales que ellos habían visto representan el cumplimiento de Joel 2:28–32. La universalidad de la promesa es destacada en Hechos 2:17–18 con la referencia a "toda carne" y las estrofas poéticas que siguen (hijos/hijas; jóvenes/ancianos; hombres/mujeres). El punto es inequívoco: en los postreros días el Señor derramará el Espíritu sobre *todos* los siervos de Dios.

Igualmente importante en esta discusión es la modificación de Lucas del texto de Joel en Hechos 2:19. Hemos notado ya que con la adición de algunas palabras, Lucas transforma el texto de Joel para que lea: "Y daré prodigios *arriba* en el cielo, y señales *abajo* en la tierra." El significado de estas inserciones, que coloca "prodigios" junto con "señales", se hace aparente cuando leemos el primer versículo que sigue a la cita de Joel, "Jesús nazareno, varón aprobado por Dios entre vosotros con las maravillas, *prodigios y señales*" (Hechos 2:22). La narrativa subsecuente de Hechos destaca el hecho de que los seguidores de Jesús también realizan "prodigios y señales".

De esta manera, Lucas presenta los milagros asociados con Jesús y sus discípulos como un cumplimiento parcial de la profecía de Joel de señales cósmicas (véase Hechos 2:19b-20). Estas señales cósmicas distinguen la era de cumplimiento, "los postreros días". Para Lucas, estos "postreros días" —aquel período inaugurado con el nacimiento de Jesús y consumado con su Segunda Venida— representan una era marcada por "prodigios y señales". Lucas, entonces, no sólo destaca el papel significativo que los milagros habían cumplido en el pasado; él también declara que los "prodigios y señales" caracterizarán el ministerio de la iglesia en el futuro. En efecto, según Lucas, deberíamos esperar que "prodigios y señales" marquen la vida de la iglesia hasta la consumación del gran plan de Dios de la salvación.

Sin embargo, a pesar de todo esto, Hacking busca sostener que Lucas restringe la realización de milagros a los apóstoles y unos pocos héroes del Espíritu que recibieron comisiones especiales. Aún el mismo hecho que Hacking tiene que ampliar el grupo "limitado" más allá de los apóstoles a otros héroes del Espíritu debería hacer pensar al lector. Otras preguntas surgen también: ¿Vamos realmente a entender la oración de Hechos 4:29–30 ("Concede a tus siervos que con todo denuedo hablen tu palabra, mientras extiendes tu mano para que se hagan sanidades y señales y prodigios") como limitada a unos pocos escogidos? Felipe fue nombrado para ayudar con la distribución del alimento, no como fundador pionero de iglesias, y aun así señales milagrosas acompañan su proclamación en Samaria (Hechos 8:6). ¿Cómo encaja esto con la tesis de Hacking? Y, aparte de los apóstoles y otros héroes del Espíritu, ¿qué otros personajes podría Lucas usar para argumentar su punto?

En resumen Hacking plantea preguntas interesantes e importantes acerca de la teología de "prodigios y señales." Su discusión del material de discipulado en los evangelios sinópticos y Hechos a menudo es profunda e inspiradora. Además, él demuestra que los escritores de los Evangelios no estaban obsesionados con el poder carismático, ni tampoco carecían ellos de sentido crítico en su enfoque de lo milagroso. Pero algunos aspectos claves de su tesis —que los escritores de los Evangelios eran en gran parte indiferentes a los "prodigios y señales" como un componente significativo del discipulado cristiano, que los milagros de Jesús y los apóstoles no fueron propuestos para servir como modelo para la iglesia post-apostólica, y que los registros de comisión son relevantes sólo para unos pocos escogidos que son específicamente comisionados para tomar parte en la obra pionera— parecen estar basados en una lectura selectiva del texto y en presuposiciones defectuosas.

Aún así, la pregunta de Hacking no puede ser ignorada: ¿Debería cada creyente esperar ver "prodigios y señales" como una parte de su vida y testimonio cristiano? No tengo duda cómo la gran mayoría de mis amigos cristianos en China responderían a esta pregunta. Una encuesta reciente de pentecostales de diez naciones concluye que un porcentaje muy alto afirma haber atestiguado personalmente, o haber experimentado, casos de sanidad divina

(87 por ciento en Kenia, 79 por ciento en Nigeria, 77 por ciento en Brasil, 74 por ciento en India, 72 por ciento en Las Filipinas, 62 por ciento en los EE.UU.).[124] Quizás es el tiempo para aquellos de nosotros de países cada vez más seculares que aprendamos de nuestros hermanos y hermanas del Tercer Mundo. Después de todo, ¿no están sus culturas a menudo más cerca de la de los autores bíblicos que de la nuestra? Me parece que sus experiencias y perspectivas señalan debilidades significativas en las presuposiciones que a menudo dirigen los paradigmas interpretativos de eruditos en Europa y Norteamérica.

> Los pentecostales proclaman al Dios que está cerca, el Dios cuyo poder puede ser experimentado aquí y ahora, y que así debería ser.

Agradezco que pentecostales por todo el mundo celebren el aspecto presente del reino de Dios. La presencia imponente de Dios en nuestro medio, su buena voluntad para otorgar dones espirituales, su deseo de sanar, liberar y transformar vidas, todos estos temas, tan centrales en la piedad pentecostal, destacan el hecho que el reinado de Dios está presente ahora. Los pentecostales proclaman al Dios que está cerca, el Dios cuyo poder puede ser experimentado aquí y ahora, y que así debería ser. Este elemento de la praxis pentecostal ha servido, en su mayor parte, como un correctivo muy necesario a la vida de la iglesia tradicional, que muy a menudo ha perdido de vista la presencia manifiesta de Dios. Aquí, de nuevo, los pentecostales tienen una rica herencia que transmitir.

---

124   Véase la encuesta de Pew Forum at http://pewforum. org/surveys/pentecostal.

CAPÍTULO CINCO

POR QUÉ LAS IGLESIAS PENTECOSTALES CRECEN

En 2009 la University of Southern California estableció la Pentecostal and Charismatic Research Initiative (PCRI) [Iniciativa para la Investigación Pentecostal y Carismática] con una subvención de $6,9 millones de la John Templeton Foundation. En un comunicado de prensa fechado el 24 de febrero de 2009, el portavoz de la PCRI, Donald Miller, afirmó: "Estamos interesados en por qué el pentecostalismo crece tan rápidamente, qué impacto tiene éste en la sociedad, y cómo manifiesta diferencias según los diversos entornos culturales".[125] La iniciativa "auspiciará innovadora investigación de ciencia social en África, Asia, América Latina y la antigua Unión Soviética, proporcionando hasta $3,5 millones en subvenciones".[126] Aunque aplaudo este digno proyecto y deseo

---

125 Véase los comentarios de Miller en www.usc.edu/uscnews/newsroom/news_release.php?id=558

126 Ibid.

bien a todos los investigadores asociados a él, debo confesar que en mis momentos menos caritativos me pregunto cuán valiosa y provechosa será la información recolectada de esta investigación para responder a la pregunta central: ¿Por qué crecen las iglesias pentecostales? Mi escepticismo se basa en el hecho de que esta iniciativa parece intencionalmente no hacer caso o, a lo más, minimizar la dimensión teológica del movimiento pentecostal, y procura responder a esta importante pregunta mayormente en términos sociológicos. Esta clase del enfoque reduccionista parece destinada a proveer resultados, a lo más, limitados, y posiblemente hasta distorsionados. Es parecido a estudiar por qué las aves pueden volar, sin considerar sus plumas.

Antes de que se me malentienda, permítame decir que realmente creo que la PCRI proveerá datos interesantes, y en muchos casos valiosos. Esta iluminará indudablemente algunas tendencias culturales que han facilitado el establecimiento del movimiento pentecostal alrededor del mundo. Sin embargo, si la pregunta central realmente se concentra en por qué las iglesias pentecostales crecen, entonces yo sugeriría que la PCRI debiera haber gastado una parte buena de su dinero investigando el etos bíblico y los valores teológicos que conforman el movimiento pentecostal. Ahora, no soy tan osado como para sugerir que mi propio intento de contestar a esta pregunta, en las siguientes páginas, arroje resultados tan completos y matizados como la sabiduría combinada de la investigación sociológica. Sin embargo, yo notaría que mi sabiduría sobre este asunto viene a una fracción del costo. De hecho, realmente creo que yo podría tener algo único que ofrecer. La razón de esta osada aseveración es sencilla: la sociología puede ayudarnos a describir el "qué", pero le cuesta ayudarnos a entender el "por qué". Creo que esto es particularmente cierto en cuanto al establecimiento del movimiento pentecostal moderno, que señala más allá de los horizontes humanos para indicar a Dios, quien se complace en obrar a través de nosotros y en nosotros.

Si vamos a entender por qué las iglesias pentecostales crecen, sobre todo tendremos que entender lo que los cristianos pentecostales creen, lo que activa sus vidas y testimonio, lo que los separa y los hace únicos. En resumen tenemos que entender por qué los pentecostales son diferentes. Es este "por qué" la pregunta que inevitablemente nos lleva al asunto de la creencia, a los valores teológicos de las bases, los creyentes sencillos. A mi padre le gustaba destacar el hecho de que la teología, la experiencia, y la conducta están todas interrelacionadas. Lo que creemos es afectado por nuestra experiencia, pero también lo guía. Nuestras creencias dan sentido, coherencia y dirección a nuestra experiencia; y de esta manera, influyen en nuestro comportamiento y lo moldean.

> **Nuestras creencias dan sentido, coherencia y dirección a nuestra experiencia; y de esta manera, influyen en nuestro comportamiento y lo moldean.**

Este reconocimiento de la interconexión de nuestra creencia, experiencia y conducta me lleva a insistir en que las convicciones pentecostales son una parte esencial de la experiencia y la praxis pentecostales. No podemos hablar de una como si fuera totalmente independiente de las demás. Por esta razón, creo que la pregunta de por qué las iglesias pentecostales crecen es en el fondo una pregunta teológica. En efecto, estoy convencido de que hay cinco razones teológicamente orientadas del crecimiento único y rápido del movimiento pentecostal moderno.

Si no se toman en cuenta estas convicciones principales, que son compartidas por los pentecostales alrededor del mundo, uno no puede proporcionar una respuesta adecuada a nuestra pregunta central. Examinemos, entonces, las cinco características y convicciones relacionadas que impulsan a este influyente y creciente movimiento.

1. ADN MISIONERO

La experiencia y la praxis pentecostal son moldeadas, en una gran medida, por las historias contenidas en el libro de Hechos. Los textos centrales que los pentecostales alrededor del mundo memorizan y promueven son Hechos 1:8: "Pero recibiréis poder, cuando haya venido sobre vosotros el Espíritu Santo, y me seréis testigos en Jerusalén, en toda Judea, en Samaria, y hasta lo último de la tierra." y Hechos 2:4: "Y fueron todos llenos del Espíritu Santo, y comenzaron a hablar en otras lenguas, según el Espíritu les daba que hablasen." Estos textos, y las historias relacionadas del valiente esfuerzo misionero que siguen en el libro de Hechos, proporcionan las bases para nuestra comprensión del bautismo en el Espíritu. Ellos conforman la experiencia pentecostal y dan dirección a nuestra misión. Dentro de la familia cristiana más extensa este énfasis es único, y da al movimiento pentecostal un etos profundamente misional. Esta es, en mi opinión, una de las razones clave del porqué las iglesias pentecostales crecen. Es ciertamente una razón central del porqué tantos misioneros, la mayoría con un pobre respaldo financiero, dejaron el avivamiento de la Calle Azusa y viajaron a diversas regiones del mundo para proclamar la fe "apostólica". Yo sugeriría también que éste es el porqué los pentecostales hoy constantemente comparten su fe con otros. El testimonio valiente acerca de Jesús es reconocido como nuestro principal llamado, y el objetivo central de nuestra experiencia de poder del Espíritu. Las misiones forman parte del tejido de nuestro ADN.

Esta perspectiva, este énfasis misiológico extraído de Lucas-Hechos, es único de los pentecostales. Mientras los pentecostales han resaltado el Evangelio de Lucas y el libro de Hechos, otras iglesias protestantes han destacado las epístolas paulinas. Las grandes verdades de la Reforma fueron en gran parte extraídas de Romanos y Gálatas y los otros escritos de Pablo. La terminología "justificación por la fe" es un eco de las palabras de Pablo. De este modo, siguiendo el ejemplo de Lutero, Calvino, y los otros reformadores, las iglesias protestantes han enfatizado en gran parte las epístolas paulinas como sus textos principales.

Este énfasis paulino ha moldeado, en gran medida, el movimiento evangélico. En otra parte he descrito cómo los evangélicos, como una reacción refleja ante la erudición liberal que desafió la confiabilidad histórica de las escrituras de Lucas, rechazaron la noción de que Lucas era un teólogo.[127] Los evangélicos sostuvieron que Lucas y los otros escritores de los Evangelios *no* eran teólogos; ellos eran historiadores. En círculos evangélicos cualquier discusión del propósito teológico de Lucas y su narrativa fue silenciada. Los Evangelios y los Hechos fueron vistos como registros históricos, no como relatos que reflejan intereses teológicos conscientes. Por supuesto este enfoque esencialmente creó un canon dentro del canon, al otorgar a Pablo el orgullo de ser considerado el "teólogo" del Nuevo Testamento, tuvo un significativo efecto de "paulinizar" la teología evangélica. Sólo recientemente los evangélicos están comenzando a aceptar la significación teológica de las narrativas bíblicas.

---

127   Véase Menzies y Menzies, *Spirit and Power,* 37–45.

Ciertamente los evangélicos han destacado, de su propio modo, el llamado misionero. Generalmente éste ha provenido de la Gran Comisión en Mateo 28:18–20. Este texto ha sido quizás más aceptable para los evangélicos que el material de comisión en Hechos, ya que aquí Jesús es Aquel que tiene "toda autoridad" y no hay ninguna comisión explícita a sus discípulos de realizar "prodigios y señales." Aún así, incluso aquí, las tensiones persisten. ¿Es válida esta comisión para cada uno en la iglesia? Y, ¿cómo se relaciona la autoridad de Jesús con los discípulos a los que envía? Aquí la lectura pentecostal de Hechos proporciona respuestas claras y precisas. Sobre la base de su lectura de Hechos, los pentecostales afirman que cada discípulo es llamado e investido de poder, y cada discípulo es animado a esperar que "prodigios y señales" acompañen su testimonio. Los evangélicos tienden a ser, dicho de la mejor manera, menos claros respecto a estos asuntos.

Los pentecostales afirman que cada discípulo es llamado e investido de poder, y cada discípulo es animado a esperar que "prodigios y señales" acompañen su testimonio.

Más recientemente, los evangélicos de la Tercera Ola han destacado el papel de los dones espirituales en la evangelización.[128] Pero, como he indicado en otra parte, esta perspectiva, basada como está en el lenguaje de Pablo acerca de los dones, deja de ofrecer una razón fundamental sólida para un elevado sentido de expectativa respecto a la investidura divina.[129] Cuando se trata de los dones espirituales, la actitud de muchos es completamente pasiva. Tal vez el testimonio verbal no sea nuestro don. Lo que

---

128   Véase por ejemplo John Wimber y Kevin Springer, *Power Evangelism* [Evangelismo de poder] (San Francisco: Harper & Row, 1991).

129   Menzies y Menzies, *Spirit and Power*, 145–58.

falta aquí está una promesa clara de investidura de poder que se extiende a cada creyente. Los pentecostales encuentran esto en la narrativa de Hechos (Hechos 1:8; 2:19). Además, Lucas destaca más que simplemente "prodigios y señales." Su narrativa también está llena de ejemplos de testimonio valiente, inspirado por el Espíritu ante la oposición y persecución (p.ej., Lucas 12:11–12; Hechos 4:31). Este poder que permanece es un motivo indiscutible en la narrativa de Lucas, y ha sido central en las misiones pentecostales también. Aquí otra vez tenemos que oír la contribución única de Lucas.

No deseo minimizar de modo alguno la importancia de las grandes verdades doctrinales presentes en los escritos de Pablo. Simplemente señalo que ya que Pablo se dirigía, en su mayor parte, a necesidades específicas en diversas iglesias, sus escritos tienden a presentar la vida interna de la comunidad cristiana. Sus escritos, con algunas excepciones significativas, no se concentran en la misión de la iglesia al mundo. De este modo, por ejemplo, Pablo tiene mucho que decir sobre los dones espirituales y cómo ellos deberían ser ejercidos en la adoración corporativa (1 Co. 12–14); sin embargo, él guarda relativo silencio cuando se trata del derramamiento pentecostal del Espíritu. Es probablemente justo decir que mientras Pablo presenta la obra "interna" del Espíritu (p.ej., el fruto del Espíritu, Gal. 5:22–23); Lucas presenta su trabajo "expresivo" (Hechos 1:8). Por lo tanto, al asignar de un modo único las significativas contribuciones de Lucas-Hechos, los pentecostales han desarrollado una práctica de la fe con un particular empuje externo o misiológico.

Este énfasis lucano y misiológico, transmitido en gran parte por las historias en el libro de Hechos, señala también a una significativa diferencia que distingue el movimiento pentecostal del movimiento carismático. Mientras que el movimiento pentecostal desde el principio ha sido un movimiento misionero, el movimiento carismático ha sido en gran parte un movimiento de renovación espiritual dentro de las iglesias existentes, de línea tradicional. Aquí, los nombres son instructivos. El término *pentecostal* nos señala a Pentecostés y al llamado misionero y poder que son dados a la iglesia (Hechos 1–2). El término *carismático*, por vía de contraste, señala a los dones espirituales que sirven para edificar la iglesia, en particular cuando ésta se reúne para la adoración corporativa (1 Co. 12–14). Ambos movimientos han bendecido la iglesia como un todo, y han traído percepciones frescas y energía espiritual muy necesaria. Sin embargo, la herencia misiológica del movimiento pentecostal es evidente. No se puede decir lo mismo del movimiento carismático.

Su apropiación única de Lucas-Hechos no sólo distingue a los pentecostales de sus hermanos y hermanas evangélicos y carismáticos, sino también ésta destaca una diferencia significativa que los separa del ala liberal de la iglesia protestante. Hay que notar que muchos liberales, a diferencia de sus equivalentes evangélicos, han prestado más atención a los Evangelios, y en particular a Jesús, que a Pablo. De hecho, algunos liberales llegan al punto de afirmar que Pablo deformó u obscureció las enseñanzas "puras" de Jesús. Pareciera, al menos con este énfasis en las narrativas de los Evangelios, que los liberales y pentecostales podrían encontrar algunos puntos en común. Pero aquí otra vez encontramos una diferencia principal. Mientras que los liberales procuran entender a Jesús a la luz de una erudición crítica que descarta la posibilidad de lo milagroso, los pentecostales aceptan, sin vacilar, al Jesús del Nuevo Testamento, obrador de milagros, que es totalmente humano y totalmente divino. La diferencia es profunda. Uno tiene una fe apostólica que proclamar. El otro solo tiene unas pocas generalidades piadosas. Otra vez, no es difícil ver por qué uno es un movimiento misionero y el otro no.

2. UN MENSAJE CLARO

Los pentecostales, en gran parte debido a su compromiso constante con la Biblia y en particular con el libro de Hechos, tienen un mensaje claro y sencillo. El mensaje de los apóstoles es también su mensaje: Jesús es Señor y Salvador. El mensaje sencillo de que "en ningún otro hay salvación" (Hechos 4:12), sólo en Jesús, brilla lozanamente en un mundo lleno de relativismo, caos moral y oscuridad espiritual. En efecto, como nota el sociólogo David Martin, los pentecostales tienen un gran impacto entre los

> **Los pentecostales tienen un gran impacto entre los desposeídos de América Latina debido exactamente a la claridad de su mensaje.**

desposeídos de América Latina debido exactamente a la claridad de su mensaje. En cuanto a los desafíos que enfrentan las familias más pobres en Brasil, que a menudo son devastadas por la corriente "de una cultura de machismo, alcoholismo, conquista sexual y carnaval", él escribe: "Es una pugna entre el hogar y la calle, y lo que restaura el hogar es la discontinuidad y la transformación interna que ofrece una fe exigente y disciplinada, con límites firmes".[130]

---

130   David Martin, *Pentecostalism: The World Their Parish* [Pentecostalismo: El mundo es su parroquia] (Oxford: Blackwell, 2002), 106; cita previa tomada de 105.

La claridad del mensaje pentecostal fluye de la manera sencilla y franca en que leemos la Biblia. Como he mencionado, los pentecostales aman las historias de la Biblia. Nos identificamos con los relatos que llenan las páginas de los Evangelios y Hechos, y las lecciones extraídas de estas historias son adecuadas y fácilmente aplicadas a nuestra vida. Para los pentecostales, el Nuevo Testamento presenta modelos que deben ser emulados y pautas que deben ser seguidas.

Se debiera observar que nuestro enfoque a la tarea de hacer teología no depende de dominar un conjunto particular de escritos, digamos, las obras de Lutero; o comprender un sistema teológico muy complejo. Los pentecostales tampoco se preocupan mucho de la distancia cultural o la diversidad teológica dentro del canon. No perdemos el sueño sobre cómo deberíamos entender las historias de los milagros en la Biblia, o como podríamos resolver aparentes contradicciones en la Biblia. Nuestro compromiso con la Biblia como la Palabra de Dios nos permite afrontar estas preguntas con un sentido de confianza. Además, nuestra experiencia de la presencia de Dios sirve como un recordatorio constante que nos llama de vuelta al propósito básico y primario de nuestra lectura: Conocer más claramente a Dios y su voluntad para nuestra vida. Finalmente, nuestro sentido de conexión con la iglesia apostólica y su misión, animado por las semejanzas entre nuestras experiencias y aquellas descritas en el texto bíblico, nos invita a concentrarnos en el desafío delante de nosotros. Aunque sabemos que Jesús es el vencedor, la batalla todavía ruge. Se nos ha llamado a servir como los profetas del fin del tiempo comisionados por Jesús. Entonces leemos con propósito. Sus historias son nuestras historias.

En un mundo todavía poblado por muchas personas analfabetas o semi-alfabetizadas, la simplicidad del enfoque pentecostal, arraigado como está en la narrativa bíblica, a menudo es apreciado. Las historias de la Biblia y las historias del testimonio personal a menudo cumplen un papel importante en la adoración e instrucción pentecostal. Estas historias facilitan mucho más la comunicación del mensaje, sobre todo cuando se tienen que cruzar barreras culturales. Esto es particularmente cierto cuando las historias se unen con las necesidades sentidas de los oyentes, como es generalmente el caso de las historias de liberación espiritual, sanidad física y transformación moral. La mayor parte de los habitantes de nuestro mundo creen en Dios (o al menos en dioses) y en el poder espiritual. Ellos simplemente no lo conocen. Sin embargo, generalmente tienen un claro sentido de sus necesidades. En nuestro mundo, un enfoque narrativo que enfoca con seriedad las necesidades espirituales de las personas y el poder milagroso de Dios, está destinado a ganar una audiencia.

Yo también añadiría que, según el registro del ministerio apostólico contenido en el libro de Hechos, los pentecostales han concentrado su atención en la proclamación del evangelio y no en la acción política o social. Esto no significa que los pentecostales no hayan tenido un impacto social significativo. Al contrario, los pentecostales alrededor del mundo son la iglesia de los más pobres y sus virtudes de "mejoramiento, autodisciplina, aspiración y trabajo duro", nutrido por el poder transformador del Espíritu experimentado en la comunidad de los creyentes, permite que un grupo a menudo marginado pueda sobrevivir y prosperar. Como David Martin adecuadamente acota: "Los pentecostales pertenecen a grupos que los liberales atribuyen el papel de víctima, y de cada manera ellos rechazan desempeñar aquel papel".[131] Aunque esto a menudo no se reconoce, los pentecostales alrededor del mundo tienen un dramático impacto social. Sin embargo, ellos lo hacen precisamente porque se concentran en un claro mensaje bíblico de arrepentimiento, perdón y transformación. Este mensaje edifica comunidades de adoración que encarnan y fomenta virtudes que edifican familias, empoderan a las mujeres, nutren a los niños, y permiten que los más pobres prosperen.[132]

Las personas que más hablan acerca de ayudar a los desposeídos no son generalmente los más pobres. Ellos también con frecuencia carecen de los recursos espirituales necesarios para tratar los asuntos fundamentales que encaran los más pobres. En la competición entre el hogar y la calle, se necesita algo más que instrucción provechosa y folletos. Es necesario nada menos que el poder transformador de la presencia de Dios para desarrollar la disciplina individual, y establecer la comunidad solidaria requerida para ganar esta batalla. Esto es exactamente lo que los pentecostales presentan. Su enfoque no es el resultado de un análisis sociológico detallado o estudios demográficos. Esto no fluye de las páginas de numerosos estudios de caso o informes de adineradas agencias de asistencia. Antes bien, su enfoque fluye del libro de Hechos. En términos generales, los pentecostales hacen lo que Graham Twelftree sugiere era la práctica de la iglesia primitiva: ellos predican y demuestran el

---

131   Martin, *Pentecostalism,* 10. Cita anterior es tomada también de 10.

132   Para una evaluación objetiva pero positiva, véase Martin, *Pentecostalism.*

evangelio con prodigios y señales a aquellos fuera de la iglesia; y ellos aplican la justicia social dentro de la iglesia.[133]

Este enfoque tiene la ventaja de presentar un mensaje que claramente se centra en la Palabra de Dios y sirve así para unir a la comunidad de la fe. Cuanto más se aleja la iglesia de la esfera de la acción política o social, tanto menos capaz es de hablar con la claridad acerca de su curso de acción sugerido. ¿Deberían los cristianos apoyar un estado benefactor como una opción compasiva para los más pobres? ¿O deberían abogar por una menor intervención del gobierno de modo que las personas y las iglesias tengan más libertad y recursos para ministrar? Éstas son la clase de preguntas que algunos cristianos a menudo consideran. Sin embargo, debido a que estas preguntas no encuentran una respuesta clara en las Escrituras, normalmente generan respuestas contrarias. Los pentecostales han evitado, en su mayor parte, la reflexión teológica y la especulación filosófica que aleja a la iglesia de sus fundamentos apostólicos y sus verdades centrales. Ellos muestran poco interés en la teología política o el diálogo de interconfesional. Algunos pueden ver esto como una debilidad, pero pienso que la historia ha mostrado que es una gran ventaja.

---

133   Graham H. Twelftree, *People of the Spirit: Exploring Luke's View of the Church* [El pueblo del Espíritu: Una exploración de la perspectiva de Lucas acerca de la iglesia] (Grand Rapids: Baker Academic, 2009), 203. Twelftree concluye: "La acción social, en relación con atender las necesidad físicas de los de afuera, no cumple parte alguna en la perspectiva de Lucas acerca de la misión" (203). En cuanto a la prioridad de la proclamación por sobre la acción social en la perspectiva de Lucas acerca de la misión, véase también Robert Menzies, "Complete Evangelism: A Review Essay [Evangelismo completo: Una reseña]" en *Journal of Pentecostal Theology* 13 (1998), 133–42. Los pentecostales más prósperos están empezando a participar en una variedad de enfoques creativos que les permiten comunicarse con no cristianos, incluyendo empresas de negocios y programas sociales. La posibilidad de que ellos sostengan su enfoque histórico sobre la prioridad de compartir el evangelio y hacer a discípulos, es algo que queda por verse. Debido a que, desde la perspectiva pentecostal, el evangelio es nuestro don más preciado, sugeriría que el amor no exige nada menos.

134 PENTECOSTÉS: ESTA HISTORIA ES NUESTRA HISTORIA

3. PRODIGIOS Y SEÑALES

Los pentecostales habitualmente oran por los enfermos y toman en serio la comisión de Jesús de predicar las buenas nuevas y sanar a los enfermos. Otra vez, el registro de Hechos es crucial, ya que los prodigios y señales de la iglesia apostólica nos sirven de modelo para nuestra práctica contemporánea. Difícilmente podemos pasar por alto el impacto de este enfoque.

Un estudio reciente de un grupo pentecostal en Brasil, citado por Martin, halló que casi la mitad de las mujeres convertidas y aproximadamente un cuarto de los varones vinieron a la conversión debido a una enfermedad. "Los pentecostales buscan a aquellos en necesidad donde ellos están, y la necesidad a menudo está marcada por la enfermedad." El estudio acotó cómo los residentes locales afrontaban "todas las enfermedades de la pobreza, desde lombrices y parásitos, hasta deshidratación y desnutrición, y desde la mordedura de serpiente hasta el cáncer ovárico". En este contexto, la oración por sanidad cobra un significado especial. Martin elocuentemente describe al convertido pentecostal típico como "alguien que ha restaurado el hogar, sostiene la Biblia fuertemente en la mano, y encuentra en el Espíritu Santo al ferviente amante del alma y el sanador del cuerpo. Para aquellos cuyas palabras son poco consideradas en el mundo más amplio, Él les da la Palabra así como la lengua para expresarla".[134]

Mi propia experiencia también confirma el importante papel que cumple la oración por los enfermos en el crecimiento de la iglesia pentecostal. En una ocasión asistí a una reunión de una casa iglesia en una populosa ciudad china. Viajé a la reunión

---

134   Martin, *Pentecostalism,* 106. Citas previas de 105–6.

con un cristiano americano que se describía como "cesacionista moderado". Llegamos temprano al apartamento designado y notamos que un grupo de cinco o seis damas ya estaban allí. Mi amigo tenía curiosidad por la historia de ellas y me preguntó: "¿Cómo se convirtieron estas damas en cristianas?" Entonces dije: "Preguntémosles." Así, comencé a traducir las respuestas de las damas a nuestra pregunta. Cada uno de las damas se refirió a un milagro de sanidad, en su propia vida o en la vida de un miembro de la familia, mientras ellas describían su conversión a la fe en Cristo. En China esto es de ningún modo extraño, mas bien es la norma.

La importancia de este énfasis pentecostal en la oración por los enfermos no debería ser minimizado. Históricamente, el cristianismo a menudo ha expresado actitudes ambiguas y, a veces, no bíblicas hacia el cuerpo. La tendencia gnóstica de ver el cuerpo

> **Los prodigios y señales de la iglesia apostólica nos sirven de modelo para nuestra práctica contemporánea.**

como malo y una prisión del alma, muy a menudo ha influido en la iglesia. El resultado ha sido un énfasis en la "salvación de almas", con poca preocupación por el cuerpo y las necesidades concretas y físicas de las personas aquí y ahora. Aún así, los pentecostales declaran un mensaje diferente. Aunque los pentecostales procuran no minimizar la desesperada necesidad de la humanidad de perdón y transformación moral, a través del Espíritu, ellos también vigorosamente proclaman que Jesús es el Sanador.

Los pentecostales insisten en que la sanidad divina es una señal de la presencia del reino de Dios, y que no debería ser una experiencia rara y extraña, limitada a unos pocos escogidos. Ellos invitan a cada creyente a vivir con un sentido de expectativa, reconociendo que Jesús se complace en otorgar dones de sanidad y traer bienestar físico a su pueblo. Este entendimiento holístico de la humanidad también permite a los pentecostales relacionar el evangelio directamente con el asunto de la necesidad material. Por ejemplo, David Yonggi Cho declara que Dios es bueno, y como tal Él quiere otorgarnos bendiciones materiales, así como espirituales y físicas. Cho anima a los creyentes "a dejar de un lado el pensamiento de que las bendiciones espirituales y el cielo son todo lo que necesitamos, y que las bendiciones materiales no tienen lugar para nosotros".[135] Aunque algunos hayan criticado a Cho por proclamar lo que ellos creen es un "evangelio de prosperidad" no bíblico, creo que debemos escuchar las palabras de advertencia de Allan Anderson:

> Es importante entender que Cho no desarrolló su enseñanza sobre el éxito y la prosperidad en el contexto de la abundancia de Occidente y de los predicadores norteamericanos de "salud y riqueza"..., fue en el contexto de los barrios pobres de Seúl, entre la gente que se reponía de los horrores de la ocupación japonesa y la guerra coreana que Cho comenzó a predicar que la pobreza era una maldición.[136]

---

135   David Yonggi Cho, *Salvation, Health, and Prosperity: Our Threefold Blessings in Christ* (Altamonte Springs, FL: Creation House, 1987), 54–55.

136   Allan Anderson, "The Contextual Pentecostal Theology of David Yonggi Cho [La teología pentecostal contextual de David Yonggi Cho]" en *David Yonggi Cho: A Close Look at His Theology and Ministry* [David Yonggi Cho: Una mirada detenida a su teología y ministerio], W. Ma, W. Menzies, y H. Bae, eds. (*Asian Journal of Pentecostal Studies* 7, no. 1 [Baguio: APTS Press, 2004]), 155.

Además, hay que considerar que el mensaje de Cho es firmemente cristocéntrico, se centra en Jesús y su obra redentora.[137] Este enfoque en Jesús y en vivir a fin de glorificarlo trae equilibrio al mensaje de Cho. "Debemos recordar", exhorta Cho, "que sea lo sea que hagamos, Dios mide la obra que hacemos para Él de una forma cualitativa, no cuantitativa.... Sólo la obra que es hecha mediante el poder del Espíritu Santo puede ser aceptable en el reino de Dios".[138] En verdad, para Cho, la bendición material está inseparablemente relacionada con la misión. Cho declara: "Estamos en el negocio de Dios. Estamos en el negocio para hacer una ganancia, no en dinero, sino en almas".[139] Este enfoque externo, orientado al servicio, separa la enseñanza de Cho acerca de la prosperidad de un hedonismo egocéntrico. Aunque Cho destaca el deseo de Dios de bendecir a su pueblo, él también habla de la necesidad de perseverancia en medio del sufrimiento y las adversidades: "Muchas personas piensan que cuando usted tiene fe, todo fluirá fácilmente, y se encontrará con pocos problemas. Pero es importante recordar que esto no así".[140] De hecho, Cho ve el sufrimiento como un camino al crecimiento espiritual. Él escribe: "Cuanto más profunda se vuelve nuestra fe, tenemos en mayor medida experiencias que nos desafían a dejar que Dios nos quebrante; sin embargo, cuanto más quebrantamiento experimentamos, tanto más profunda se vuelve nuestra fe".[141]

---

137   Véase Anderson, "David Yonggi Cho", 154.

138   Yonggi Cho, *The Fourth Dimension, Volume Two: More Secrets for a Successful Faith Life* [La cuarta dimension, volumen dos: Más secretos para una exitosa vida de fe] (Plainfield: Bridge Publishing, 1983), 16.

139   Yonggi Cho, *Fourth Dimension, Volume Two,* 2.

140   Paul Yonggi Cho, *The Fourth Dimension: The Key to Putting Your Faith to Work for a Successful Life* [La cuarta dimension: La clave para poner su fe en acción para una vida exitosa] (Plainfield: Logos, 1979), 140.

141   Yonggi Cho, *Salvation,* 39.

El mensaje pentecostal, entonces, se centra en la salvación integral que encontramos en Jesús. Está diseñado para alentar la fe y traer esperanza a la gente que vive en medio de la desesperación y la desesperanza. Además, los pentecostales no dudan en relacionar el evangelio con todo el espectro de las necesidades humanas, sean estas espirituales, físicas o materiales. Este acercamiento holístico es una corrección refrescante a teologías tradicionales que no hacen caso del cuerpo y sus necesidades. Los comentarios perceptivos de Ulrich Luz, acerca de "la teología de gloria" de Pablo, podrían ser adecuadamente aplicados también a la teología holística del pentecostalismo. Luz nota que "el miedo y el pánico al 'entusiasmo' y cualquier *theologia gloriae* que distingue a muchos teólogos protestantes son desconocidos para Pablo, ya que no es un asunto de su propia gloria, sino de la de Cristo".[142]

4. POCA ESTRUCTURA ECLESIÁSTICA

Las iglesias pentecostales tienden a ser congregacionales en su gobierno, y no tienen requisitos académicos previos, establecidos o estrictos, para el liderazgo de la iglesia. Esto significa que los líderes de la iglesia son reconocidos y seleccionados por los miembros de la congregación, en gran parte debido a la calidad de su vida espiritual y su don pastoral. Los pentecostales atribuyen gran importancia al sentido que uno tiene de un llamado, del don espiritual, y la práctica ministerial. Ellos resisten el control burocrático, temiendo que éste limite la visión inspirada por

---

142   Ulrich Luz, "Paul as Mystic [Pablo como místico" en *The Holy Spirit and Christian Origins: Essays in Honor of James D. G. Dunn* [El Espíritu Santo y los orígenes cristianos: Ensayos en honor de James D. G. Dunn], G. Stanton, B. Longenecker, y S. Barton, eds. (Grand Rapids: William B. Eerdmans, 2004), 141.

el Espíritu. Las nuevas iglesias a menudo nacen espontánea-
mente, fundadas por creyentes con poca preparación formal,
que sienten que el Espíritu los conduce a "salir por la fe." Estos
emprendedores espirituales con frecuencia trabajan a través de
relaciones de familia o redes de amistad, movidos por un sentido
de vocación y visión espiritual. Ellos son animados a desarrollar
una visión y a tomar riesgos a través de su participación en la vida
de la iglesia. Hay un fuerte sentido igualitario en la comunidad
pentecostal, pues cada creyente es animado a contribuir. Esto es,
por supuesto, facilitado por un énfasis en los dones del Espíritu
y simbolizado en el hablar en lenguas, que pueden ser vistos
como un sacramento que no está limitado al clero o controlado
por éste.

Por vía de contraste,
las iglesias que son muy
institucionales y fuertemente
estructuradas no tienden a
alentar o nutrir la dimensión
carismática. Una razón clave
de esto tiene que ver con el
modo en que los líderes son
seleccionados, y cómo son
conducidos los cultos. Las
iglesias que seleccionan sus
líderes sobre la base de su educación y su posición dentro de la
institución, a menudo son incapaces de hacer sitio para muchos
líderes calificados y dotados espiritualmente. Cuanto más rígido
es el proceso de selección, tanto más difícil es hacer concesión
a líderes dotados que no encajan en el modelo normal. Este
problema se ilustra claramente en la iglesia auspiciada por el

> **Los pentecostales no dudan en relacionar el evangelio con todo el espectro de las necesidades humanas, sean estas espirituales, físicas o materiales.**

gobierno de China (MPP),[143] donde el proceso para convertirse en un ministro ordenado es definido con mucha rigidez.

Un ministro potencial debe estudiar, primero que todo, en un seminario del MPP. Esto limita tremendamente ya que el nivel educativo en la zona rural a menudo es demasiado bajo para la admisión, el alumno potencial debe tener recomendaciones de un pastor del MPP y por lo tanto experiencia previa en una iglesia del MPP, y el número de estudiantes admitidos en seminarios del MPP cada año es ridículamente bajo, debido a las restricciones del gobierno. Después de la graduación, el joven creyente sirve a menudo como aprendiz en una iglesia designada y bajo un liderazgo designado. Considerando el carácter mixto del MPP, esta puede ser la experiencia más desafiante para los creyentes jóvenes dedicados. Finalmente, el candidato al ministerio debe ser considerado como aceptable tanto por la iglesia como por los líderes del gobierno a fin de ser ordenado.

Con estos factores en mente, podemos entender por qué tantos jóvenes creyentes dotados prefieren entornos de casas iglesias. Aquí hay un ambiente donde ellos pueden ejercer dones de liderazgo sin pasar por un proceso riguroso, que en la mayoría de los casos no está abierto para ellos de todos modos. En el entorno del grupo pequeño hay muchas oportunidades para explorar y desarrollar su sentido de vocación. Y, aunque las oportunidades de formación ilegales están cada vez más disponibles para los cristianos de casas iglesias, se hace un fuerte hincapié en el ministerio práctico. Esto tiende a crear y reforzar el desarrollo de dones espirituales. En las casas iglesias, cualquiera puede surgir como un líder. Las únicas calificaciones son de naturaleza espiritual.

---

143   MPP es la sigla para "Movimiento Patriótico Protestante".

Es importante notar que las iglesias del MPP tienden a ser dominadas por el clero. Ellas no muestran participación o ministerio por parte de los laicos. De ser posible, los servicios de adoración del domingo siempre son conducidos por el clero profesional. Además, las reuniones de grupos pequeños, donde se podría alentar y desarrollar el liderazgo, a menudo no son toleradas. Las reuniones deben ocurrir en sitios designados, en horarios designados, y con el liderazgo designado. Esta limitación afecta seriamente la vida de la iglesia, ya que éstos son exactamente los contextos donde los dones del Espíritu podrían ser ejercidos y el cuerpo edificado.

Por supuesto las casas iglesias son muy diferentes. Prácticamente cada uno participa y alguien puede contribuir con una canción, un testimonio, o una oración. Cuando asisto a iglesias del MPP siempre soy animado, pero generalmente sé que no seré un participante activo en términos de edificación del grupo mayor. Cuando asisto a un culto de casa, siempre voy con un sentido de expectativa, sabiendo que tendré muchas oportunidades de compartir, orar, y animar a otros.

Estos contrastes no son únicos para las iglesias de China. Muchas iglesias tradicionales y estatales alrededor del mundo insisten en que sus ministros se sometan a una rígida formación profesional. Ellos también subrayan una forma clara de autoridad jerárquica que debe dar cuenta a su superior. Esta clase de enfoque institucional puede crear estabilidad, pero también alienta el conformismo y sofoca la flexibilidad, la creatividad, y la capacidad de asumir riesgos. Fundamentalmente, el ministerio a menudo es visto en forma diferente: considerado como una carrera profesional, antes que un llamado que seguir.

El etos de las iglesias pentecostales es notablemente diferente. Podemos resumir diciendo que los pentecostales son los "capitalistas de libre mercado" en la economía de la vida de iglesia. El control rígido de una burocracia central raramente se tolera; antes bien, la vocación, el don y la visión de cada creyente son afirmados y animados. Por lo tanto, las iglesias son fundadas con poco o ningún estímulo o apoyo financiero por parte de los líderes de la denominación, a menudo por personas sorprendentes — sean estos jóvenes, con poca educación o mujeres— con un fuerte sentido de que Dios las ha llamado y las ha investido para la tarea por hacer. No es entonces de extrañar que Hechos 4:13 sea un texto pentecostal favorito: "Entonces viendo el denuedo de Pedro y de Juan, y sabiendo que eran hombres sin letras y del vulgo, se maravillaban; y les reconocían que habían estado con Jesús." Los pentecostales ven este encuentro transformador con Jesús como el ingrediente esencial para el ministerio eficaz. Ya que otras calificaciones dejan de cobrar significación en comparación, cada uno es potencialmente un pastor, evangelista o misionero. La iglesia es, después de todo, una comunidad de profetas inspirados por el Espíritu.

> **Cada uno es potencialmente un pastor, evangelista o misionero. La iglesia es, después de todo, una comunidad de profetas inspirados por el Espíritu.**

Muchos señalarán los obvios riesgos inherentes en este enfoque bastante informal de la estructura de iglesia. Un énfasis en líderes fuertes y visionarios fácilmente puede conducir al autoritarismo "apostólico".[144] Este peligro es en parte mitigado por el énfasis en los dones y en el llamado de cada miembro en la congregación. Sin embargo, las relaciones tensas entre líderes fuertes a menudo pueden llevar a divisiones de iglesias. ¿Qué hay respecto a la obvia potencialidad de cisma? Esta es ciertamente una consecuencia natural y quizás inevitable de este acercamiento más orgánico y carismático a la vida de iglesia. Aún así, esta vulnerabilidad contiene también una ventaja importante. Mientras que las iglesias tienden a volverse más burocráticas con el tiempo, las semillas de la renovación están siempre germinando, y preparadas para brotar y florecer en fragante vida. Como Martin afirma: "Para cada caso donde el entusiasmo se enfría en formas establecidas y racionalización, hay otros que rompen los moldes, sobre todo en la enorme población del mundo no occidental".[145]

5. UN ÉNFASIS EN LA EXPERIENCIA

Aunque los pentecostales siempre han sido el pueblo del Libro y tienen gran respeto por la Biblia, ellos también han sido rápidos para subrayar que las mismas experiencias que moldearon la vida de la iglesia primitiva están disponibles hoy. La iglesia del Nuevo Testamento representa un modelo para su vida y ministerio, y esto incluye su experiencia de Dios. Como la narrativa de Hechos

---

144   En su libro sobre el movimiento carismático en Gran Bretaña, Nigel Scotland describe una letanía de problemas relacionados con tendencias autoritarias en el liderazgo de la iglesia. Aunque los extremos pasados parecieran haber traído sobriedad al movimiento, y se ha hecho mucho progreso, el abuso del autoritarismo "apostólico" es claramente una preocupación clave para el futuro (*Charismatics and the Next Millennium: Do They Have a Future?* [Los carismáticos y el próximo milenio: Tienen ellos algún futuro] [London: Hodder & Stoughton, 1995], véase los capítulos 4 y 5).

145   Martin, *Pentecostalism,* 176.

revela, la iglesia apostólica estuvo marcada por experiencias poderosas que generaron valentía notable y emociones intensas. ¿De qué otra manera explicamos el testimonio valeroso de Pedro y Juan (Hechos 4:8-20) o la notable tranquilidad y compasión de Esteban (Hechos 7:60)? ¿De qué otra manera explicamos las visiones, la alegría, la extática alabanza, y la convicción constante de que Jesús está vivo? Los primeros cristianos estaban cautivados por su experiencia de Dios.

Muchos en la era moderna huyeron del entusiasmo de la iglesia apostólica, porque lo vieron como una respuesta primitiva y relativamente inculta a la verdad religiosa. Ellos sintieron que la gente iluminada y civilizada debería responder en una manera más cognoscitiva y serena. Pero nada de esto disuadió a los pentecostales de aceptar el registro bíblico y buscar un encuentro profundo con Dios en Cristo, a través del Espíritu Santo. Este enfoque ha hecho posible que el movimiento pentecostal, al menos en tiempos modernos, una al énfasis en la experiencia con el respeto por la autoridad de la Biblia. En vez de ver estos temas como antagónicos, la mayor parte de los pentecostales los ven como complementarios. Ciertamente, los pentecostales afirmarían la importancia de un entendimiento cognoscitivo de las verdades básicas y fundamentales. Así, ellos han establecido miles de escuelas bíblicas alrededor del mundo. Sin embargo, no tienden a consultar credos o declaraciones doctrinales para una verificación de la fe verdadera. Un entendimiento cognoscitivo de la verdad doctrinal puede ser provechoso y hasta necesario, pero no es prueba de vitalidad espiritual. Antes bien, los pentecostales ven la oración ferviente, una disposición para sufrir por el evangelio, y un sentido profundo de la dirección de Dios como señales de vida espiritual verdadera. La teología pentecostal es, en su esencia, una teología de encuentro.[146] La doctrina pentecostal —con su énfasis en el bautismo en el Espíritu, el hablar en lenguas, y los dones del Espíritu— y la praxis pentecostal reflejan esta realidad.

Esta actitud positiva y abierta hacia la experiencia marca los cultos pentecostales alrededor del mundo. Las reuniones pentecostales, aunque generalmente siguen un patrón sencillo de cánticos, predicación, testimonios y oración, también a menudo están marcadas por manifestaciones del Espíritu y con frecuencia se termina con un extenso tiempo de oración corporativa. Las manifestaciones del Espíritu podrían tomar la forma de una palabra de profecía, un mensaje en lenguas (que es interpretado entonces para los fieles), o una palabra de estímulo. La mayoría de los servicios terminan con un llamado al altar "de modo que el objetivo de la predicación pueda ser sellado con un tiempo de oración".[147] Este tiempo de oración es visto como el verdadero punto culminante del culto, y una oportunidad importante de que la gente se encuentra con Dios de un modo personal y tangible. En este tiempo las necesidades especiales pueden ser expresadas. Cuando una petición de oración es ofrecida, la persona es con frecuencia rodeada por un grupo de intercesores que, con imposición de manos, claman a Dios en favor de quien está en necesidad. Habitualmente, los enfermos son ungidos con aceite y se ofrece oración por sanidad. Aquellos que están luchando con tentación o adicciones también pueden ser cubiertos de oración, ésta se extiende hasta que hay un sentido de culminación o victoria espiritual. Aunque esta dinámica y el tipo de participación en el culto sea quizás menos común en las

---

146   Keith Warrington, *Pentecostal Theology: A Theology of Encounter* [Teología Pentecostal: Una teología de encuentro] (London: T & T Clark, 2008), 21.

147   Menzies y Menzies, *Spirit and Power*, 185.

iglesias pentecostales más grandes de Occidente, por lo general hasta en estas iglesias uno puede encontrar un grupo pequeño en donde esta clase de experiencias son animadas y nutridas. Todo esto hace que sea un tiempo interesante y emocionante. Los servicios pentecostales rara vez son aburridos.

En un mundo lleno de personas que anhelan una experiencia con Dios, para sentir su presencia, y encontrarle a un nivel profundamente personal y emocional, esta clase de cultos de adoración dinámica es muy atractiva.[148] El enfoque en gran parte cognoscitivo y sosegado de las iglesias tradicionales fracasa en conectarse con estas necesidades. De hecho, para mucha gente analfabeta o semi-alfabetizada que puebla nuestro planeta, un enfoque cerebral es prácticamente incomprensible. Ellos quieren encontrar a Dios: el Dios que es tangible, cuya presencia puede ser sentida, y cuyo impacto puede ser visto y escuchado, el Dios que tiene poder sobre espíritus malignos y que puede cambiar vidas. Los pentecostales proclaman que este es el Dios revelado en Jesús. Es evidente el contraste con el formalismo frío y litúrgico, y la orientación en gran parte cognoscitiva de las iglesias tradicionales. Cabe preguntarse entonces porqué las iglesias pentecostales están creciendo.

Algunos todavía verán el asunto con escepticismo. Ellos preguntarán: ¿Acaso este enfoque de la vida de la iglesia, (que enfatiza la experiencia extática, respuesta emocional y poder espiritual) no está lleno de inherentes peligros? ¿Podría esto animarnos a presentar métodos emocionalmente manipuladores y concentrarnos en asuntos superficiales? Sí, indudablemente, hay peligros. Sin embargo, hay más peligro en un enfoque que

---

148   Scotland nota que mientras que "los evangélicos occidentales eran por lo general una relación unidimensional en la cual las clases medias... buscaban 'enseñanza sana'," el movimiento carismático, con su enfoque empírico ha encontrado un creciente deseo "de una satisfacción emocional y espiritual más profunda" (*Charismatics*, 24).

no deja lugar para la variedad plena de la experiencia humana en nuestro encuentro con Dios, incluyendo las emociones. He observado que los habitantes del Occidente post-Iluminismo tienden a estar mucho más preocupados del "exceso emocional" que sus hermanos y hermanas en Oriente. Como resultado, ellos a menudo no permiten espacio significativo para las emociones en sus encuentros espirituales. Los no-occidentales se deleitan en "sentir" la presencia de Dios. Si el registro bíblico es nuestra norma, entonces quizás en Occidente deberíamos considerarlo cuidadosamente.

CONCLUSIÓN

He sostenido que el crecimiento de la iglesia pentecostal fluye naturalmente de cinco características que marcan la vida de la iglesia pentecostal. Cada una de estas características puede trazarse al modo distintivo que los pentecostales enfatizan y leen el libro de Hechos. Ya que las iglesias pentecostales se adaptan a diversos entornos y culturas en las cuales ellas existen, estas características primordiales trascienden cualquier entorno cultural específico. Ellas están presentes en las iglesias pentecostales alrededor del mundo precisamente porque todas estas iglesias comparten un respeto común hacia la Biblia y, más específicamente, una lectura preferente de Hechos. En resumen ya que los pentecostales consideran a la iglesia primitiva descrita en el libro de Hechos como su modelo, la narrativa de Hechos representa una potente y cohesiva fuerza que conforma la praxis pentecostal global.

Como hemos mencionado, cada una de estas características conlleva un cierto riesgo. La valiente proclamación del evangelio a menudo conduce a la persecución. Un enfoque en el evangelismo y discipulado puede ser ridiculizado por un mundo que sólo valora la prosperidad material, y permanece ciego al impacto holístico del evangelio. El mensaje de que los milagros de sanidad y liberación espiritual acompañan el advenimiento del reino de Dios puede también ser rechazado por los escépticos como no científico y manipulador. Una iglesia que acepta a líderes con preparación teológica limitada y fuerte visión claramente conlleva el riesgo de caos y cisma. Finalmente, un énfasis en la experiencia a menudo será criticado por el pudiente y cultivado como superficial y sencillo. Hay muchas razones de que las iglesias tradicionales hayan decidido no tomar el camino pentecostal. Aun así, las iglesias pentecostales, en su mayor parte, han sido capaces de navegar por estas rutas arriesgadas. Ellas han emprendido el viaje con gozo y un fuerte sentido de propósito, y han tenido éxito.

> **Las iglesias pentecostales alrededor del mundo... comparten un respeto común hacia la Biblia y, más específicamente, una lectura preferente de Hechos.**

Tal vez una clave del éxito de las iglesias pentecostales puede hallarse en su disposición a asumir riesgos. Las personas desesperadas se arriesgan. Ellas tienen poco que perder. Históricamente, los pentecostales han sido personas que tienen poco que perder. Por consiguiente, ellos tienen urgente necesidad de Dios. Globalmente, la mayoría de los pentecostales todavía viven en el lado desfavorecido de la sociedad: ellos son los más pobres, los que no tienen influencia y los marginados.[149] Por eso, ellos tienen hambre de Dios, y reconocen también que dependen absolutamente de Él. Los pentecostales hablan del poder de Dios porque saben que son débiles. Ellos oran por sanidad y liberación de Dios porque no tienen ninguna otra esperanza. Ellos buscan la presencia de Dios porque sólo en Él encuentran gozo y paz. En pocas palabras, los pentecostales son personas que necesitan a Dios, y la narrativa de Lucas nos recuerda que Él se complace en obrar en quienes lo necesitan, y a través de ellos:

> Quitó de los tronos a los poderosos,
> Y exaltó a los humildes.
> A los hambrientos colmó de bienes,
> Y a los ricos envió vacíos.
> (Lucas 1:52–53)

---

149 Martin concluye: "Tenemos en el pentecostalismo, y todos sus movimientos asociados, la movilización religiosa de los culturalmente despreciados, sobre todo en el mundo no occidental, fuera de cualquier clase de patrocinio, ya sea de su propia intelectualidad local, o de la intelectualidad administrativa y secular de Occidente" (*Pentecostalism*, 167).

CONCLUSIÓN

El movimiento pentecostal es reconocido en el mundo como una fuerza potente y dinámica que afecta la vida de centenares de millones de personas. Está cambiando el rostro de la iglesia cristiana. En muchos casos, como el de Corea, es difícil sobrestimar su impacto en la sociedad como un todo. Aún así, muchos todavía no ven a los pentecostales como quienes tienen mucho que ofrecer teológicamente. Es un movimiento de experiencia, nos dicen, no de doctrina. En este libro he procurado desafiar este supuesto erróneo. Los pentecostales tienen una contribución teológica importante que hacer a toda la iglesia, si las demás iglesias simplemente escucharan.

Antes que nada, los pentecostales llaman a la iglesia a dar una mirada fresca a Lucas-Hechos. Sólo oyendo la voz distintiva de Lucas podemos desarrollar una doctrina realmente holística del Espíritu Santo. Sólo leyendo Lucas-Hechos en sus propios términos podemos entender el significado del bautismo en el Espíritu Santo que fue prometido (Hechos 1:5). Por mucho tiempo ya, la teología protestante ha destacado las importantes contribuciones de Pablo en cuanto a la obra del Espíritu, pero en gran parte no ha hecho caso de la contribución de Lucas. En este aspecto, los pentecostales están llamando a una nueva reforma.

Una de las grandes ventajas de esta lectura fresca de Lucas-Hechos es que destaca la naturaleza misiológica del discipulado y la iglesia. Lucas nos recuerda que el Espíritu Santo tiene que ver con alabanza inspiradora y testimonio acerca de Jesús, y la visión del Espíritu no reconoce límites. Independientemente de raza, género, clase o región, todos son llamados a participar en la gran misión redentora de Dios; y todos se les ha prometido el poder para cumplir este llamado (Hechos 1:8). Los pentecostales llaman a la iglesia a recuperar su poder primitivo y su vocación apostólica. La iglesia es nada menos que una comunidad de profetas, llamados a testificar con valentía acerca de Jesús.

Otra gran ventaja del enfoque pentecostal de Lucas-Hechos es su sencillez. Como he mencionado, a los pentecostales les gustan las historias. Nos identificamos con las historias que llenan las páginas de los Evangelios y el libro de Hechos, y las lecciones extraídas de estas historias son fácilmente entendidas y aplicadas a nuestra vida. Para los pentecostales, Hechos presenta modelos claros que deben ser emulados y pautas que deben ser seguidas. Nuestro análisis de Lucas-Hechos, aunque basado en métodos hermenéuticos modernos, vindica este enfoque sencillo y directo. El objetivo de Lucas en efecto es proveer a sus lectores de modelos para su misión, modelos para su vida y ministerio como cristianos. Sus historias son nuestras historias. Lucas quiso que su iglesia leyera su obra de dos volúmenes exactamente de este modo.

Finalmente, esta lectura de Lucas-Hechos también destaca la importancia y el significado simbólico de las experiencias del Espíritu Santo que inspiran el hablar en lenguas: ellas nos recuerdan de nuestra relación empírica con la iglesia apostólica y nuestros llamados similares. Su experiencia es nuestra experiencia; su llamado es nuestro llamado. Las verdades que hemos presentado aquí no son sólo entendidas, sino que ellas pueden ser sentidas. Tanto el entendimiento cognoscitivo como las experiencias que tocan las emociones son importantes; ambos informan y se afectan mutuamente. Como hemos visto, el hablar en lenguas incorpora de un modo único estas dos dimensiones. Sirve, en cierto modo, como un sacramento: es una señal externa de una realidad espiritual. Mientras leemos el libro de Hechos, podemos apreciar más plenamente el verdadero significado de esta experiencia. La experiencia nos anima a afirmar con convicción que hemos recibido el Espíritu Santo de la misma manera que los primeros cristianos (Hechos 10:47; cf. Hechos 19:2,6). Esto también nos llama a adoptar nuestra identidad verdadera en Cristo como profetas del fin del tiempo (Hechos 2:17–18).

Este importante legado teológico, esta contribución pentecostal única a toda la iglesia, tiene que ser transmitido y comunicada. No sólo tiene que ser comunicado al mundo de la iglesia global, sino también debe ser transmitido de generación en generación dentro de las iglesias pentecostales. Por esta razón, también he sostenido que la claridad sobre asuntos de doctrina —en cuanto a lo que los pentecostales creen— es importante para la iglesia. El insistir en definiciones claras acerca de lo que el término *pentecostal* significa, o hablar de lo que los pentecostales realmente creen, no es alguna clase de arrogante imposición occidental. Al contrario, es simplemente un intento de satisfacer las necesidades de la iglesia, la iglesia global pentecostal, para ser más precisos.

Tres capítulos de este libro fueron primeramente escritos y presentados como conferencias especiales en Amsterdam, Hong Kong, y Taipei. En cada caso, los creyentes locales me invitaron a hablar sobre diversos aspectos de la teología pentecostal. En Amsterdam, me pidieron que presentara una perspectiva pentecostal del bautismo en el Espíritu Santo (en diálogo con la teología reformada).[150] En Hong Kong, presenté un informe sobre

---

150   Esta formó la base del Capítulo 2.

hermenéutica pentecostal a un grupo de pastores y profesores evangélicos en un simposio patrocinado por el Ecclesia Bible College, una escuela de Las Asambleas de Dios.[151] Finalmente, en Taipei las iglesias locales de Las Asambleas de Dios me pidieron que presentara un informe acerca del papel de las lenguas en el Nuevo Testamento.[152] Mi punto es este: las iglesias pentecostales en Holanda, Hong Kong y Taiwán todas sintieron la necesidad de aclaración adicional acerca de ciertos aspectos distintivos de su doctrina. Ellos me pidieron que presentara estos temas; ellos sintieron la necesidad.

Hace aproximadamente un año, el Hermano Wang,[153] un joven líder chino de casa iglesia, se comunicó conmigo. Un amigo del hermano Wang le sugirió que me llamara debido a su gran interés en los valores y la experiencia pentecostal. El hermano Wang es un ferviente creyente pentecostal, y él sabe mucho acerca de la historia pentecostal temprana en nuestra provincia. Después de este contacto inicial, comenzamos a encontrarnos cada sábado por la mañana, a fin de estudiar la Biblia juntos y orar. Una mañana, después de que nos habíamos reunido varias veces, el hermano Wang me hizo una pregunta importante. Aunque él es un pastor de casa iglesia, el hermano Wang asiste a una escuela bíblica del Movimiento Patriótico Protestante (MPP) debido a sus conexiones pasadas con el MPP. Él se ha sentido frustrado por lo que recibe en el seminario local del MPP. Él siente que el plan de estudios "post-confesional", que describe diversas posiciones en temas teológicos (p.ej., luterana, presbiteriana, etc.), es confuso para los alumnos más jóvenes. Él dijo que sentía que las posiciones, que le parecían a veces contradictorias, dejaban a

---

151   Este formó la base del Capítulo 1.

152   Este formó la base del Capítulo 3, aunque fue presentado originalmente en mandarín.

153   Estoy usando un seudónimo para proteger la identidad de esta persona.

la mayoría de los alumnos confusos y desconcertados. "Ellos no saben lo que deben creer", declaró él.

De este modo, durante nuestra reunión él preguntó: "¿Puede usted ayudarme a entender la doctrina de las Asambleas de Dios? Quiero saber lo que los pentecostales creen." La pregunta era reveladora, y fluyó de un verdadero sentimiento de necesidad. El hermano Wang anhela una tradición, un cuerpo claro y consecuente de la doctrina sobre el cual fundamentar su ministerio. Él está comprometido con la doctrina pentecostal, y siente que no recibe el estímulo necesario en el seminario del MPP.

El hermano Wang no es el único. Hay muchos creyentes jóvenes, fervientes y dedicados en el mundo, que quieren saber lo que significa ser pentecostal. Es mi oración que los pentecostales contemporáneos sean administradores fieles del importante legado teológico que hemos recibido. Oro que transmitamos el mensaje al cual le fue dado una voz global en la Calle Azusa hace más de un siglo. Su historia es nuestra historia, y es digna de ser contada.

APÉNDICE

William W. Menzies: una vida Pentecostal
por sus hijos Glen W. Menzies y Robert P. Menzies

W illiam W. Menzies (Julio 1, 1931—Agosto 15, 2011) fue bien conocido en los círculos pentecostales como educador, historiador y teólogo. Él también fue un misionero, y los dos pilares de las últimas décadas de su vida fueron Springfield, Missouri, donde vivió esporádicamente durante más de cincuenta años; y la ciudad de Baguio, Las Filipinas, donde sirvió como presidente y canciller del Asia Pacific Theological Seminary (APTS). Durante el curso de su carrera, él dio clases en capacidad de jornada completa o como administrador en cinco instituciones de educación superior: Central Bible College (1958–1970), Evangel University (1970–1980), Assemblies of God Theological Seminary (1974–1984), California Theological Seminary (1985–1987), y APTS (Presidente 1989–1996; Canciller 1996–2011). Fue el autor de nueve libros y numerosos artículos, y una de sus más importantes realizaciones fue la fundación, junto con Vinson Synan y Horace Ward, de la Society for Pentecostal Studies (SPS) [Sociedad de estudios pentecostales]. Él también sirvió como primer presidente de la SPS y primer redactor de su revista, *Pneuma*. Para nosotros él fue simplemente "papá".

"Bill", como sus amigos lo llamaban, nació en New Kensington, Pennsylvania. Nació en el hogar de William E. y Sophie B. Menzies, y recibió el nombre de su padre. Sus padres siempre lo llamaron "Junior".

William padre, nuestro abuelo, obtuvo un título en ingeniería eléctrica de la Penn State University, y dedicó la mayor parte de su vida tanto a la ingeniería y la fundación de iglesias. Él trabajaba por un tiempo en ingeniería y ahorraba un poco de dinero. Después dejaba su trabajo y construía una iglesia. La abuela tocaba el trombón; tanto ella como el abuelo predicaban, y cuando se congregaban suficientes personas como para sostener a un pastor regular, ellos entregaban la iglesia al nuevo pastor y el abuelo volvía a la ingeniería para ahorrar dinero. Finalmente, la familia se trasladó a Dayton, Ohio, que es realmente donde nuestro padre creció.

Una de las pasiones de papá como adolescente fue la de radio aficionado, y mantuvo la licencia de operador de radio hasta el día de su fallecimiento. Él se deleitaba con receptores, transmisores, cajas de fósforos y antenas. Glen recuerda que él le compartió una historia acerca de un amigo de la vecindad a quien también le gustaba hacer cosas manuales, incluyendo manejar radios. Lamentablemente, los padres de este amigo no lo dejaban siquiera tomar un destornillador. Ellos querían que él creciera para ganar una vida con su cabeza, no con sus manos. Entonces este amigo visitaba sigilosamente a papá siempre que necesitaba usar un destornillador.

El primer transmisor de radio de papá fue un modelo usado que él encontró a un muy atractivo precio de veinte dólares. Por lo visto él no tenía por entonces veinte dólares en dinero efectivo, entonces convenció a su madre de que lo dejara conseguir el transmisor y hasta de ayudarlo a financiar la compra. Ella estaba impresionada por toda la investigación que él había hecho en transmisores y lo que costaban, y se convenció de que él había encontrado una buena oferta. Lo que él no dijo a su mamá fue la razón de que estuviera a la venta. Aparentemente, el dueño anterior se había electrocutado. Si su mamá hubiera sabido eso, nunca lo habría dejado comprar una máquina tan mortal. Sin embargo, papá puso una resistencia de dispersión en el condensador que había matado a su dueño, haciéndolo así mucho menos riesgoso.

Estas historias explican algo importante sobre papá. Su actitud era: ¿Por qué no hacer las cosas bien tanto con la cabeza como con las manos? Papá no estaba interesado en el trabajo monótono o en la teoría abstracta que nunca se conectaba con la vida práctica. Él apreciaba la buena teología, pero la buena teología para él significaba también que ésta influyera en la vida de la iglesia.

Cuando papá se graduó de la escuela secundaria él planeó convertirse en un ingeniero como su padre. Se matriculó en la Ohio State University. De alguna manera, pronto sintió que esto no era lo que Dios quería para él, y se transfirió al Central Bible Institute (CBI) [Instituto bíblico Central] en Springfield, Missouri, sintiendo que Dios le había mostrado para su vida un llamado al ministerio.

Papá se distinguió en la escuela, y obtuvo muy buenas calificaciones. Elmer Kirsch, un amigo y compañero de clase, le recuerda como un alumno "brillante". Otro condiscípulo de aquellos años se quejó una vez con Glen de que papá a menudo elevaba el nivel, haciendo las clases más difíciles de lo que habrían sido de otra manera. Durante el último año que papá estudió en CBI, fue editor diagramador del anuario, y fue elegido como el orador de la graduación.

En el funeral de papá ambos nos sorprendimos de saber que papá había cantado en el coro masculino en CBI, ya que nunca pensamos que él tuviera talento musical. También aprendimos que uno de sus papeles era el de "publicano", un funcionario de la clase encargado de recolectar las cuotas de los alumnos.

Lamentamos no haber sabido esto antes. Mientras crecíamos podríamos haber hecho el buen uso de esto, al llamarlo "un publicano y pecador".

Uno de las actividades más vistosas en las que papá participó durante sus días en CBI fue el ministerio en Bald Knob, en la región central de Ozark. El plan era fundar una iglesia en una escuela de una habitación. La escuela no tenía electricidad, pero había una lámpara de gas que colgaba del techo.

Por ese tiempo había una enemistad entre dos de las familias en el área, tanto así que algunos llevaban armas a la escuela. También, un señor quería asistir a los servicios, pero él tenía miedo de venir solo. Él asistiría si uno de los alumnos del CBI lo recogía, porque estaba completamente seguro que nadie le pegaría un tiro si estaba con un "reverendo".

Había oposición a la proclamación del evangelio en la Escuela de Bald Knob. Alguien cortó los frenos en el coche de Elmer Kirsch, y fue sólo la divina providencia que guardó a varios de los alumnos del CBI de morir en un accidente automovilístico en una de aquellas antiguas carreteras de Ozark, que eran tan comunes a principios de los años cincuenta. Elmer usó el freno de mano para regresar a CBI.

A pesar de la oposición, la obra prosperó y se estableció allí una iglesia de aproximadamente sesenta personas. Entonces se produjo el acontecimiento que terminó con todo. La esposa del director de la escuela dominical conspiró con un vecino —que también asistía a la iglesia— para asesinar a su marido. El sangriento hecho fue ejecutado con una horca en el granero del director de la escuela dominical. Había poca ley entonces en el Condado Taney, ya que el sheriff había sido expulsado de la ciudad y el ayudante había huido no fuera que un destino similar le aconteciera. Ellos finalmente pudieron conseguir que un sheriff del Condado Greene viniera y detuviera al asesino. La mancha moral de estos acontecimientos, sin embargo, destruyó los esfuerzos de evangelismo de CBI en Bald Knob.

Después de su graduación de CBI, papá decidió asistir al Wheaton College cerca de Chicago a fin de obtener un título universitario de cuatro años y un título de maestría. Fue en aquellos años que él conoció a Doris Dresselhaus, una muchacha que había crecido en la zona rural del norte de Iowa. Su primera cita fue en el apartamento de Bob y Eilene Cooley. Eilene cocinó una comida de espagueti especial, y sin duda la cena fue todo un éxito. También no hay duda de que más importante que la cena para papá fue estar con mamá. Ellos pronto se casaron.

Después de tres años de servir como pastores en Michigan, y la adición de dos muchachos jóvenes increíblemente guapos a su casa, a papá le pidieron que volviera a CBI como profesor. Esto sucedió en 1958. Aunque el dinero fuera escaso y papá trabajara arduamente, aquellos fueron unos de los años más felices de su vida.

En 1962 papá comenzó un permiso sabático de dos años de CBI para tomar clases doctorales en la University of Iowa. Su programa fue Historia de la Iglesia en los Estados Unidos, y así comenzó a estudiar la historia de las Asambleas de Dios.

Cuando papá se preparaba para sus exámenes orales en la universidad, Bob tenía cinco años. El pequeño "Bobby", como lo llamaban por aquellos días, le impresionó una historia que papá contó acerca de un hombre que se había desmayado durante sus exámenes doctorales. Al caer la tarde, durante el día de los exámenes orales del Papá, cuando él volvió a casa de estos penosos tormentos, Bobby corrió a la puerta, gritando: "¿Te desmayaste papá?" Bobby se sintió muy aliviado de saber que su papá no se había desmayado, y de que las cosas habían ido completamente bien.

Después de volver a Springfield y a CBI en 1964, papá comenzó el serio trabajo de su disertación. Los veranos fueron dedicados a viajes a través del país para entrevistar a personas importantes en la historia pentecostal. Ya que el costo de permanencia en hoteles era muy elevado para nuestra familia, papá compró una pequeña casa rodante que remolcó doquiera que iba en los Estados Unidos. Aquellos veranos eran increíblemente interesantes. Mientras papá hacía entrevistas, mamá y sus muchachos se divertían en algún parque con linda vista. Durante los días que papá tenía libres, recorríamos campos de batalla, edificios históricos, o parques nacionales.

Siempre estábamos muy orgullosos de nuestro papá, un hecho que ilustramos en esta breve historia. A mediados de los años sesenta nuestra familia iba en coche por la parte occidental de los Estados Unidos. Llegamos a un puente estrecho cuando una gran máquina removedora de tierra cruzaba a ritmo lento. Papá intentó pasar la máquina pero calculó mal, y rozó un lado del puente. Fue un momento de mucho temor, con el deslizamiento del vehículo y el chillido de los neumáticos. Cuando ya volvió la calma, la vocecita de Bob, que tenía seis años, rompió el silencio: "Papá, esta vez no me sentí muy orgulloso de ti." Mamá y papá estallaron en risa, lo que hizo mucho para tranquilizarnos de que todo estaba bien. Fue quizás el único momento en sus ochenta años que cualquiera de nosotros no se sintió orgulloso de papá.

Cuando papá terminó su disertación y recibió su título, podríamos haber esperado que su actividad erudita menguara. En cambio, comenzó nuevamente. El liderazgo del Concilio General pidió a papá ampliar su disertación en una historia más completa de las Asambleas de Dios. Esto requirió más entrevista y más viajes, pero no nos opusimos. Más investigación significaba más viajes y también camping. Finalmente, en 1971, el libro *Anointed to Serve* [Ungidos para servir] fue publicado.

En 1970 papá anunció su decisión de mudarse a la ciudad para dictar clases en el Evangel College. Uno pensaría que esto no habría sido algo de trascendencia, pero esta simple decisión de un humilde profesor produjo una gran controversia. Glen recuerda que cuándo él tenía aproximadamente catorce años, alguien lo detuvo cerca de la entrada al Central Bible College [Colegio bíblico Central] (el nuevo nombre del Central Bible Institute) y le dijo: "¿Sabes?, ¡tu padre es un traidor!" Glen respondió: "Entonces tal vez usted debería hablar de esto con él en vez de conmigo." Si sólo Glen hubiera tenido el don de profecía le habría respondido: "No importa que mi papá se haya cambiado de CBC a Evangel ¡porque en cuarenta años más estas dos escuelas se unirán de todos modos!".

Papá invirtió una década enseñando en Evangel, durante la mayor parte de la cual él también sirvió como presidente del Departamento de Estudios bíblicos y Filosofía. Durante ese tiempo dos de sus alumnos fueron sus hijos. Éstos, también, fueron años felices.

Como adolescentes, nosotros los muchachos, siempre sentimos que teníamos la sagrada responsabilidad de mantener a papá humilde. Papá no era un "trepador" social o profesional. Aunque él siempre vestía bien —mamá se encargaba de eso— él nunca se preocupó demasiado por la ropa. En este sentido él era un hijo de la Calle Azusa; él vivió con sencillez y no intentó destacarse. Él no era promotor de sí mismo. Generalmente, su ropa estaba ordenada, y era conservadora, y sencilla. Así que cada vez que mamá intentaba comprar algo nuevo o levemente más moderno, nos dábamos cuenta. Cuando papá venía a la mesa de desayuno luciendo su ropa nueva, nosotros rompíamos en coro: "Bill Menzies va a la moda". Estos eran los días en que "The Mod Squad" era una popular serie de televisión.

Fue durante ese tiempo que papá, junto con Vinson Synan y Horace Ward, estableció una sociedad académica diseñada para promover la investigación entre los pentecostales. Muchos consideran que la fundación de la Society for Pentecostal Studies, que hoy atrae a cientos de eruditos de todo el mundo a sus reuniones anuales, como uno de las realizaciones más emblemáticas de papá. Papá sirvió como el primer presidente de la sociedad y como el primer editor de *Pneuma*, la revista especializada de la sociedad.

En este tiempo había mucha desconfianza de la erudición y los esfuerzos académicos en las Asambleas de Dios. Pero de alguna manera papá pudo desarmar estas sospechas. Él hizo esto en gran parte debido a su carácter piadoso, espíritu humilde y modales alentadores. Después de conocer a papá, la gente a menudo pensaba: "Bueno, supongo que estos eruditos no son todos malos." Papá persuadió a la gente, y de esta manera ayudó a cambiar actitudes dentro del movimiento pentecostal hacia la enseñanza superior y la erudición. En resumen, él preparó el terreno de modo que otros pudieran seguir.

Después de su tiempo en Evangel, papá enseñó durante tres años en el Assemblies of God Theological Seminary, invirtió un año como Presidente Interino en FEAST (Far East Advanced School of Theology), y luego dos años como Vicepresidente para Asuntos Académicos en el California Theological Seminary.

Papá fue famoso por los triángulos que a menudo dibujaba en el pizarrón. Las ideas y relaciones que estos triángulos ilustraban son innumerables. Pero había mucho más en la enseñanza de papá que el modo en que él presentaba las cosas.

Él era un pentecostal firmemente convencido, y creía que la identidad pentecostal debe estar basada en la teología, no la sociología. El pentecostalismo tiene una importante comprensión de la naturaleza del cristianismo apostólico; no es simplemente la respuesta descontenta de la gente que vive en la periferia de la sociedad respecto a su grave situación económica.

Papá también era una persona celosa de la honestidad académica. No le gustaba cuando los eruditos o las organizaciones intencionadamente eludían la verdad. Por ejemplo, cuando papá escribió el libro *Anointed to Serve*, en su historia de las Asambleas de Dios, él indicó exactamente que las Asambleas de Dios se dedicó fuertemente al pacifismo —la negación a participar en la guerra— antes de la Segunda Guerra Mundial. Se le pidió que quitara esto de su libro porque era "inoportuno" a principios de los años 70, la era de la Guerra de Vietnam, durante la cual el libro era preparado. Papá rechazó sombrear la verdad de esta manera, aunque procuró encontrar un modo más diplomático de incluir el mensaje básico. Aunque papá no era un pacifista, él pensó que era importante contar la historia con exactitud.

Papá creyó que la mayor equivocación que las Asambleas de Dios —al menos las Asambleas de Dios estadounidenses— cometió durante su vida fue la manera en que ésta no hizo caso del Movimiento Carismático, respondiendo como si deseara que simplemente terminara. No sólo fue este un fracaso en reconocer la obra de la mano de Dios, sino que las Asambleas de Dios perdió la oportunidad de proporcionar dirección a un movimiento que necesitaba liderazgo y estabilidad. Al final, el Movimiento Carismático tuvo mayor impacto en el pentecostalismo clásico que lo que el pentecostalismo clásico tuvo en el Movimiento Carismático. No tenía que ser necesariamente de esta manera.

Aunque papá fue ciertamente un pentecostal fervorosamente comprometido, él rechazó cualquier tipo de pentecostalismo que minimizara la importancia de las Escrituras o de Cristo. Otro modo de decir esto es que su pentecostalismo se concentraba en la Biblia y en Cristo. Aunque los pentecostales piensan que la experiencia espiritual es importante, papá insistió en que toda experiencia espiritual debe ser juzgada por los estándares de las Escrituras. Él también fue escéptico de cualquier énfasis en el Espíritu que minimizara la importancia de Cristo. Papá no era la clase de persona que buscara paralelos entre el misticismo budista y las experiencias cristianas del Espíritu. Él creyó que el Espíritu Santo es "el Espíritu de Cristo" y siempre señalaría a Él. Cristo es el ancla que afirma cualquier tentativa de discernir qué espíritus son de Dios y cuáles no lo son.

En 1989 papá asumió como presidente de Asia Pacific Theological Seminary. Previamente, durante veinte años papá había hecho viajes de verano para enseñar en diversos lugares de misión, a menudo en Manila o Seúl. De este modo, su nombramiento en APTS fue una extensión natural de esta actividad misionera de media jornada. Por lo visto él había demostrado que tenía el corazón de un misionero.

El mudarse a Las Filipinas dio a Papá una nueva sacudida de entusiasmo y energía. Él saboreó los desafíos del ministerio y liderazgo intercultural. También, el hecho de que algunos de sus alumnos enfrentaban la muy verdadera posibilidad de encarcelamiento o martirio, fue un recordatorio constante para él de cuánto estaba en juego.

La oración fue una clave en el ministerio de papá. Como muchachos a menudo nos acordamos de verlo andando de acá para allá en nuestro sótano, clamando a Dios en oración. Bob recuerda que tomó prestada la Biblia de papá una vez y la hojeó. Cuando lo hizo, se encontró con una lista de peticiones de oración. En un pedazo de papel papá había escrito una lista varias cosas que formaron la base de su oración diaria. Había algo en particular que se destacaba. Él había escrito: "Señor, ayúdame a preocuparme menos por cómo otra gente me ve y más por como tú me ves." Aquella oración claramente moldeó la vida de papá.

En 1996 nuestra madre tuvo un serio ataque cardíaco mientras estaba en Las Filipinas, que dañó seriamente su corazón. Este ataque cardíaco impidió que nuestros padres vivieran en el extranjero. El daño al corazón de mamá fue tan serio que ella fue puesta en una lista de trasplante. En 1998 ella recibió un nuevo corazón.

Después de la operación de trasplante de mamá, ella y papá volvieron a Springfield y disfrutaron de una tranquila merecida jubilación, hasta que la enfermedad cobró la vida de ambos. Los últimos ocho meses de la vida de papá los dedicó a atender a mamá y pasar el tiempo con ella, una tarea que realizó con júbilo. Desde muchos puntos de vista el cuidado de los ancianos entre sí revela un amor mucho más profundo que la pasión de los recién casados.

Siempre recordaremos la manera en que nuestros padres se amaron.

BIBLIOGRAFÍA

Anderson, Allan. *Spreading Fires: The Missionary Nature of Early Pentecostalism.* Maryknoll: Orbis, 2007.

_____. *An Introduction to Pentecostalism: Global Charismatic Christianity.* Cambridge: Cambridge University Press, 2004.

_____. "The Contextual Pentecostal Theology of David Yonggi Cho". En *David Yonggi Cho: A Close Look at His Theology and Ministry,* editado por W. Ma, W. Menzies, y H. Bae, 133–59. *Asian Journal of Pentecostal Studies Series* 1. Baguio: Asia Pacific Theological Seminary Press, 2004.

Berkhof, Hendrikus. *The Doctrine of the Holy Spirit.* Louisville: Westminster/John Knox, 1986.

Bock, Darrell L. *Acts.* Baker Exegetical Commentary on the New Testament. Grand Rapids: Baker, 2007.

_____. *Luke.* The IVP New Testament Commentary Series. Downers Grove: InterVarsity Press, 1994.

_____. *Luke 9.51–24.53.* Baker Exegetical Commentary of the New Testament. Grand Rapids: Baker Academic, 1996.

Büchsel, F. *Der Geist Gottes im Neuen Testament.* Gütersloh: C. Bertlesmann, 1926.

Bultmann, Rudolph. "New Testament and Mythology". En *Kerygma and Myth: A Theological Debate by Rudolf Bultmann and Five Critics,* editado por H. W. Bartsch, 1–44. New York: Harper & Brothers, 1961.

_____. "αογαλλιάομαι" in *TDNT,* I: 19–21.

Calvin, John. *Institutes of the Christian Religion.* Dos tomos. Traducido al inglés por F. L. Battles y editado por J. T. McNeill. *Library of Christian Classics 20.* Philadelphia: Westminster Press, 1960.

Cho, David Yonggi. *Salvation, Health, and Prosperity: Our Threefold Blessings in Christ.* Altamonte Springs, FL: Creation House, 1987.

_____. *The Fourth Dimension: The Key to Putting Your Faith to Work for a Successful Life.* Plainfield: Logos, 1979.

_____. *The Fourth Dimension, Volume Two: More Secrets for a Successful Faith Life.* Plainfield: Bridge Publishing, 1983.

Conzelmann, Hans. *Acts of the Apostles.* Philadelphia: Fortress Press, 1987; alemán original, 1963.

Cox, Harvey. *Fire From Heaven: The Rise of Pentecostal Spirituality and the Reshaping of Religion in the Twenty-first Century,* 1995. Reimpresión, Cambridge, MA: Da Capo Press, 2001.

Dunn, James D. G., *Baptism in the Holy Spirit.* London: SCM Press, 1970.

_____. "Baptism in the Spirit: A Response to Pentecostal Scholarship". *Journal of Pentecostal Theology,* 3 (1993): 3–27.

_____. *Jesus and the Spirit: A Study of the Religious and Charismatic Experience of Jesus and the First Christians as Reflected in the New Testament.* London: SCM Press, 1975.

Ellis, E. Earle. *The Gospel of Luke,* revised edition. New Century Bible Commentary. Grand Rapids: Wm. B. Eerdmans, 1974.

Evans, Craig. *Luke.* New International Biblical Commentary. Peabody: Hendrickson, 1990.

Everts, Jenny. "Tongues or Languages? Contextual Consistency in the Translation of Acts 2". *Journal of Pentecostal Theology* 4 (1994): 71–80.

Fitzmyer, Joseph. *The Gospel According to Luke* (X–XXIV). The Anchor Bible, Tomo 28A. New York: Doubleday, 1985.

Green, Joel B. *How to Read the Gospels and Acts.* Downers Grove: InterVarsity Press, 1987.

_____. "Learning Theological Interpretation from Luke". En *Reading Luke: Interpretation, Reflection, Formation,* editado por Craig G. Bartholomew, Joel B. Green, y Anthony Thiselton, 55–78. *Scripture and Hermeneutics Series* 6. Grand Rapids: Zondervan, 2005.

_____. *The Gospel of Luke.* The New International Commentary on the New Testament. Grand Rapids: Eerdmans, 1997.

Gunkel, Hermann. *The Influence of the Holy Spirit: The Popular View of the Apostolic Age and the Teaching of the Apostle Paul.* Traducido por R. A. Harrisville y P. A. Quanbeck II. Philadelphia: Fortress Press, 1979.

Hacking, Keith J. *Signs and Wonders Then and Now: Miracle-Working, Commissioning and Discipleship.* Nottingham: Apollos/InterVarsity Press, 2006.

Haya-Prats, Gonzalo. *Empowered Believers: The Holy Spirit in the Book of Acts.* Traducido por Paul Elbert y Scott A. Ellington. Eugene, OR: Cascade Books, 2010.

Hengel, Martin. *Acts and the History of Earliest Christianity.* Traducido por J. Bowden. London: SCM Press, 1979.

Jellicoe, Sidney. "St Luke and the 'Seventy (-Two)". *New Testament Studies* 6 (1960): 319–21.

Jenkins, Philip. *The Next Christendom: The Coming of Global Christianity.* Oxford: Oxford University Press, 2002.

Luz, Ulrich. "Paul as Mystic" en *The Holy Spirit and Christian Origins: Essays in Honor of James D. G. Dunn,* editado por Graham N. Stanton, Bruce W. Longenecker, y Stephen C. Barton, 131–43. Grand Rapids: William B. Eerdmans, 2004.

Macchia, Frank D. "Astonished by Faithfulness to God: A Reflection on Karl Barth's Understanding of Spirit Baptism". En *The Spirit and Spirituality: Essays in Honour of Russell P. Spittler,* editado por W. Ma y R. Menzies, 164–76. London: T&T Clark International, 2004.

Marshall, I. Howard. *The Gospel of Luke: A Commentary on the Greek Text.* New International Greek Testament Commentary. Grand Rapids: Eerdmans, 1978.

Martin, David. *Tongues of Fire: The Explosion of Protestantism in Latin America.* Oxford: Basil Blackwell, 1990.

_____. *Pentecostalism: The World Their Parish.* Oxford: Blackwell, 2002.

Menzies, Robert P. "A Review of Darrell Bock's Acts". *Pneuma* 30 (2008): 349–50.

_____ "A Review of Keith J. Hacking's *Signs and Wonders Then and Now: Miracle-Working, Commissioning, and Discipleship*". *Evangelical Quarterly* 79 (2007): 261–65.

_____. "Complete Evangelism: A Review Essay". *Journal of Pentecostal Theology* 13 (1998): 133–42.

_____. *Empowered for Witness: The Spirit in Luke-Acts. Journal of Pentecostal Theology Supplement Series* 6. Sheffield: Sheffield Academic Press, 1994.

_____. "John's Place in the Development of Early Christian Pneumatology". En *The Spirit and Spirituality: Essays in Honour of Russell P. Spittler,* editado por Wonsuk Ma y Robert Menzies, 41–52. *Journal of Pentecostal Theology Supplement Series* 24. London: T&T Clark International, 2004.

_____. *The Development of Early Christian Pneumatology with Special Reference to Luke-Acts. Journal for the Study of the New Testament Supplement* 54. Sheffield: Journal for the Study of the Old Testament Press, 1991.

_____. *The Language of the Spirit: Interpreting and Translating Charismatic Terms.* Cleveland, TN: Centre for Pentecostal Theology Press, 2010.

_____. "The Sending of the Seventy and Luke's Purpose". En *Trajectories in the Book of Acts: Essays in Honor of John Wesley Wyckoff,* editado por Paul Alexander, Jordan D. May, y Robert Reid, 87–113. Eugene, OR: Wipf & Stock, 2009.

_____. "The Persecuted Prophets: A Mirror-Image of Luke's Spirit-Inspired Church". En *The Spirit and Christ in the New Testament and Christian Theology*, editado por I. Howard Marshall, Volker Rabens, y Cornelis Bennema, 52–70. Grand Rapids: Wm. B. Eerdmans Publishing, 2012.

Menzies, William W. y Robert P. *Spirit and Power: Foundations of Pentecostal Experience.* Grand Rapids: Zondervan, 2000.

Metzger, Bruce. "Seventy or Seventy-Two Disciples?" *New Testament Studies* 5 (1959): 299–306.

Miller, Donald E. y Tetsunao Yamamori. *Global Pentecostalism: the New Face of Christian Social Engagement.* Berkeley: University of California Press, 2007.

Montague, George T. *The Holy Spirit: Growth of a Biblical Tradition.* New York: Paulist Press, 1976.

Morrice, W. G. *Joy in the New Testament.* Exeter: Paternoster Press, 1984.

Nickle, Keith F. *Preaching the Gospel of Luke: Proclaiming God's Royal Rule.* Louisville: Westminster John Knox Press, 2000.

Nolland, John. *Luke 9.21–18.34.* Word Biblical Commentary 35B. Dallas, TX: Word, 1993.

Poloma, Margaret M. *Main Street Mystics: The Toronto Blessing and Reviving Pentecostalism.* Walnut Creek: AltaMira Press, 2003.

Ruthven, Jon. *On the Cessation of the Charismata: The Protestant Polemic on Postbiblical Miracles. Journal of Pentecostal Theology Supplement Series* 3. Sheffield: Sheffield Academic Press, 1993.

Schweizer, Eduard. "πνεῦμα". En *Theological Dictionary of the New Testament,* VI: 389–455.

Scotland, Nigel. *Charismatics and the Next Millennium: Do They Have a Future?* London: Hodder & Stoughton, 1995.

Sherrill, John L. *They Speak with Other Tongues.* New York: McGraw-Hill, 1964.

Stronstad, Roger. *The Charismatic Theology of St. Luke.* Peabody, MA: Hendrickson, 1984.

Synan, Vinson. "The Role of Tongues as Initial Evidence". En *Spirit and Renewal: Essays in Honor of J. Rodman Williams,* editado por Mark W. Wilson, 67–82. Sheffield: Sheffield Academic Press, 1994.

_____. *The Century of the Holy Spirit: 100 Years of Pentecostal and Charismatic Renewal.* Nashville: Thomas Nelson, 2001.

Tannehill, Robert C. *The Narrative Unity of Luke-Acts: A Literary Interpretation, Volume 1: The Gospel According to Luke.* Philadelphia: Fortress Press, 1986.

Twelftree, Graham. *People of the Spirit: Exploring Luke's View of the Church.* Grand Rapids: Baker, 2009.

Vinson, Richard. *Luke*. Macon, GA: Smyth & Helwys Publishing, 2008.

Walsh, Arlene M. Sanchez. "Whither Pentecostal Scholarship?" *Books and Culture* (Mayo-Junio 2004): 34–6.

Warrington, Keith. *Pentecostal Theology: A Theology of Encounter*. London: T&T Clark, 2008.

Wenham, Gordon. *Numbers: An Introduction and Commentary*. Tyndale Old Testament Commentary Series. Downers Grove: Inter-Varsity Press, 1981.

Wesley, Luke. *The Church in China: Persecuted, Pentecostal, and Powerful. Asian Journal of Pentecostal Studies* 2. Baguio: Asian Journal of Pentecostal Studies Books, 2004.

Wimber, John y Kevin Springer. *Power Evangelism*. San Francisco: Harper & Row, 1991.

Witherington, Ben, III. *The Acts of the Apostles: A Socio-Rhetorical Commentary*. Grand Rapids: Eerdmans, 1998.

Zwingli, Ulrich. *Commentary on True and False Religion*. Editado por S. M. Jackson y C. N. Heller. Durham, NC: The Labyrinth Press, 1981.

ACERCA DEL AUTOR

Robert Menzies completó sus estudios doctorales (PhD) en Nuevo Testamento en la University of Aberdeen, Escocia, bajo la supervisión de I. Howard Marshall en 1989. Él es autor de varios libros sobre la obra del Espíritu, incluyendo *Spirit and Power: Foundations of Pentecostal Experience* [Espíritu y poder: Fundamentos de la experiencia pentecostal] (Zondervan, 2000), que él escribió junto con su padre. El Doctor Menzies es profesor adjunto del Asia Pacific Theological Seminary en Las Filipinas y de Assemblies of God Theological Seminary en los EE.UU. Él ha enseñado en escuelas bíblicas y seminarios en Las Filipinas, Australia, Fiji, Indonesia, Malasia, Japón, Rusia, Holanda, Corea y los Estados Unidos. Durante la mayor parte de los últimos dieciocho años, el doctor Menzies, junto con su esposa y sus dos hijas, ha vivido y servido en China. El Doctor Menzies es actualmente el Director de Synergy, una organización que procura capacitar a la gente de pueblos rurales en el sudoeste de China para una vida más productiva y fructífera.

PARA ORDENAR MÁS COPIAS
DE ESTE LIBRO

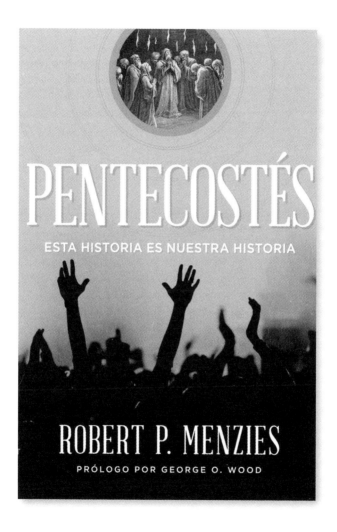

Para solicitar copias adicionales de este libro, visite:
www.gospelpublishing.com.